西南大学农林经济管理一流培育学科建设系列丛书（第二辑）

中国农村居民消费行为及结构演化研究

The Study on Consumption Behavior and Its Structure Evolution of Chinese Rural Residents

温 涛 王小华 王汉杰 等/著

国家社会科学基金重大项目"农民收入超常规增长的要素集聚与战略协同研究"（11&ZD047）成果

科学出版社
北 京

内 容 简 介

农村居民收入及收入结构的变迁和消费习惯与农村居民的消费水平之间有着天然的联系。本书的总目标是基于农民收入增长和收入结构演化视角，引入农村居民消费行为，通过理论与实证分析明确我国农村居民消费水平及其消费结构变化的现实问题，找准农村居民消费困境的关键制约因素，研究引导我国农村居民消费需求、提高农村居民消费水平、改善农村居民消费结构的对策，并为最终实现经济结构深化调整和转型，实现经济内生增长，探寻一条更加公平、全民可享的可持续经济增长道路。

本书可供经管类高校学生及科研工作者阅读参考。

图书在版编目（CIP）数据

中国农村居民消费行为及结构演化研究/温涛等著. —北京：科学出版社，2021.3

（西南大学农林经济管理一流培育学科建设系列丛书. 第二辑）

ISBN 978-7-03-065585-1

Ⅰ. ①中… Ⅱ. ①温… Ⅲ. ①农村-居民消费-消费者行为论-研究-中国 Ⅳ. ①F126.1

中国版本图书馆 CIP 数据核字（2020）第 109590 号

责任编辑：李　嘉 / 责任校对：贾娜娜
责任印制：张　伟 / 封面设计：无极书装

科 学 出 版 社 出版
北京东黄城根北街 16 号
邮政编码：100717
http://www.sciencep.com

北京盛通商印快线网络科技有限公司 印刷
科学出版社发行　各地新华书店经销

*

2021 年 3 月第 一 版　开本：720×1000　B5
2021 年 3 月第一次印刷　印张：9 1/2
字数：192 000
定价：108.00 元
（如有印装质量问题，我社负责调换）

前　言

农村居民收入及收入结构的变迁和消费习惯的形成及其演化都将对农村居民的消费水平产生直接影响。农村居民消费水平的高低和结构变迁又进一步影响全国整体消费水平的提升和内需的扩大。本书研究的总目标是基于农民收入增长和收入结构演化视角，引入农村居民消费行为，通过理论与实证分析明确我国农村居民消费水平及其消费结构变化的现实问题，找准农村居民消费困境的关键制约因素，研究引导我国农村居民消费需求、提高农村居民消费水平、改善农村居民消费结构的对策，并为最终实现经济结构深化调整和转型，实现经济内生增长，探寻一条更加公平、全民可享的可持续经济增长道路。

该项成果受国家社会科学基金重大项目（11&ZD047）的资助，课题获得免检结题；同时得到中央宣传部2017年文化名家暨"四个一批"人才项目、国家自然科学基金面上项目（71773099）资助。研究过程中陆续在《数量经济技术经济研究》《经济学动态》《中国软科学》《农业技术经济》等权威CSSCI（Chinese Social Sciences Citation Index，中文社会科学引文索引）来源期刊公开发表阶段性成果十多篇，部分先期成果还被中国人民大学复印报刊资料及各类经济科研相关网站全文转载，获得了教育部第六届高等学校科学研究（人文社会科学）优秀成果二等奖、重庆市第九次社会科学优秀成果一等奖和第六届重庆市发展研究奖二等奖，并被政府有关部门采纳，获得了学术界和实务界的充分认可。

需要特别指出的是，本书是集体智慧的结晶，温涛设计了本书的基本框架。各章的执笔人如下：第1章，温涛；第2章，温涛、孟兆亮；第3章，温涛、田纪华、王小华；第4章，王小华、温涛、朱炯；第5章，温涛、董文杰；第6章，王小华、温涛、何茜；第7章，温涛、王汉杰；第8章，温涛、王汉杰、韩佳丽；第9章，温涛、王汉杰、韩佳丽；第10章，温涛、何茜。初稿完成之后，团队对其多次讨论和修改，具体章节的修改得到了刘渊博、陈一明、王永仓的大量帮助，温涛、王小华、王汉杰、董文杰、何茜对最终稿进行了编撰修订。同时，在研究过程中还得到了相关实务部门和研究机构的大力支持，在此深表谢意！感谢学术同行提供的大量参考文献，为本书的研究提供了重要的帮助。需要特别指出的是，书稿中可能存在不足和疏漏，恳请学术同行批评指正。

目　　录

第1章	导论	1
1.1	本书的主要研究问题展示	1
1.2	本书的目标与写作思路	5
1.3	本书的内容与安排	6
第2章	各时期农村居民消费结构的演化及特征分析	9
2.1	引言	9
2.2	理论逻辑	11
2.3	样本和数据	13
2.4	计量分析	14
2.5	结论和政策启示	22
第3章	农民收入结构对消费结构的总体影响与区域差异	25
3.1	引言	25
3.2	理论逻辑	29
3.3	计量分析	32
3.4	结论和政策启示	36
第4章	习惯形成和收入结构失衡与农村居民消费行为演化	39
4.1	引言	39
4.2	理论逻辑与实证设计	41
4.3	计量结果与分析	45
4.4	实证结果的进一步讨论	49
4.5	结论和政策启示	52
第5章	基于生命周期理论视角的我国农村居民消费问题分析	55
5.1	引言	55
5.2	理论逻辑	57
5.3	样本和数据	58

5.4 计量分析 ·········· 59
5.5 结论和政策启示 ·········· 62
第 6 章 城乡居民消费行为及结构演化的比较分析 ·········· 64
6.1 引言 ·········· 64
6.2 文献回顾与评述 ·········· 65
6.3 研究方法、数据的选取与说明 ·········· 68
6.4 计量分析 ·········· 70
6.5 城乡居民消费行为差异及农村居民消费结构升级缓慢的根源分析 ·········· 79
6.6 结论和政策启示 ·········· 84
第 7 章 政府财政金融支农投入对启动农村消费的作用 ·········· 86
7.1 引言 ·········· 86
7.2 理论模型构建 ·········· 89
7.3 样本和数据 ·········· 91
7.4 计量分析 ·········· 92
7.5 结论和政策启示 ·········· 96
第 8 章 县域财政金融政策与居民消费的分层差异分析 ·········· 98
8.1 引言 ·········· 98
8.2 作用机制分析 ·········· 101
8.3 样本和数据 ·········· 104
8.4 计量分析 ·········· 105
8.5 结论和政策启示 ·········· 110
第 9 章 城镇化对县域居民消费的影响研究 ·········· 112
9.1 引言 ·········· 112
9.2 文献回顾与述评 ·········· 115
9.3 理论分析 ·········· 117
9.4 模型、变量及方法 ·········· 119
9.5 实证结果分析 ·········· 121
9.6 结论和政策启示 ·········· 126
第 10 章 总结与展望 ·········· 128
10.1 总结 ·········· 128
10.2 展望 ·········· 131
参考文献 ·········· 135

第1章 导　　论

1.1　本书的主要研究问题展示

1.1.1　本书写作的背景介绍

　　由 2008 年美国次贷危机引发的全球性金融危机至今尚未看到真正的尽头，表明这场危机并不是通常意义上的周期性经济衰退，而是预示着世界经济由此进入了深刻的结构调整阶段。尽管中国并不是这次危机的重灾区，但作为一个开放程度较高的经济大国，必然难以独善其身，一个突出的表现就是外需严重不足导致出口增速不断下滑，并呈加速趋势。自 20 世纪 90 年代开始，出口就已成为中国经济高速增长的一大重要支柱，出口占国内生产总值（gross domestic product，GDP）的比重从 15.91%（1990 年）上升到了 35.71%（2006 年），之后开始下降，2016 年下降到了 18.61%。而金融危机的长期化及随之而来的全球经济 "再平衡"，既意味着国际需求的相对缩小，更意味着中国的出口将受到买方和卖方经济体国际收支双向平衡的制约。改革开放 40 多年来，过去中国经济所经历的那种过度依赖投资和出口的 "粗放型" 和 "外向型" 发展模式（高储蓄、高投资与高外部需求的增长策略），如今在外需严重不足和持续下滑的情况下，再难以保障其经济的持续、高速、稳定增长，中国经济增长的可持续性正在受到严峻挑战，中国经济由此进入新常态。

　　除此之外，中国经济增长在最近和将来的很长一段时间内还会受到以下两个重要事件的影响。其一是人民币升值预期已经被打破。因为人民币汇率在过去的小幅升值吸引了大量外资逐年流入，外资的进入为中国经济发展做出了一定贡献，但是，当人民币贬值压力上升和外资撤退开始出现时，必然会在一定程度上造成我国的投资增速下滑和经济增长速度放缓。其二是地方融资平台的债务清理仍在进行中，各地在势如破竹的城镇化建设中筹集资金的难度不断加大。虽然城镇化被大量学者视作当前扩大内需和促进产业升级的重要抓手（陈锡文，2010；张占斌，2013），但其背后必然离不开大量资金的支撑。然而，现实情况是地方政府债务规模逐年上升和债务风险持续加剧，因此，无论是十八届三中全会还是2017年中央经济工作会议，都明确了防范地方政府债务风险的工作方针，从而直接加大了地方政府为城镇化建设筹措资金的难度。

因此，转变经济发展方式、实现经济内生增长就成为当前中国经济进入新常态下最迫切需要解决的问题，扩大内需特别是提高居民的消费水平便成为近年来政府应对危机和稳定经济的重要战略举措。2015年11月23日国务院印发《关于积极发挥新消费引领作用加快培育形成新供给新动力的指导意见》（以下简称《指导意见》），《指导意见》指出，发挥新消费引领作用是更好满足居民消费需求、提高人民生活质量的内在要求；是加快推动产业转型升级、实现经济提质增效的重要途径；是畅通经济良性循环体系、构建稳定增长长效机制的必然选择。如何启动消费需求一直是政策制定和理论研究的热点，这对于中国实现经济增长方式转变、保证经济持续增长至关重要。习近平（2017）明确指出，"最终消费才是经济增长的持久动力"。新形势下积极发挥新消费的引领作用，将助推稳增长、调结构、惠民生目标的实现，保证如期全面建成小康社会。为了不断释放人民群众日益增长的消费需求，促进经济社会持续健康发展，2017年8月24日国务院印发《关于进一步扩大和升级信息消费持续释放内需潜力的指导意见》，分别从六个方面提出了如何提高信息消费供给水平、六个方面提出了如何扩大信息消费覆盖面、六个方面提出了如何优化信息消费发展环境。

长期以来，我国经济发展的"三驾马车"当中的投资和出口对经济的拉动起着比较重要的作用。作为拉动GDP的"三驾马车"之一的消费对中国经济增长的推动作用却持续疲软，最终消费支出对GDP增长拉动百分点由"六五"时期的8.18个百分点下降到了"十二五"期间的4.3个百分点；相应地，最终消费支出对GDP增长的贡献率由"六五"时期的77.4%下降到了"十二五"期间的54.46%。虽然如此，但是我们可以看到一个积极信号，最终消费对中国经济增长拉动作用疲软的现象在2014年终于发生了转变，这一年的消费成为国民经济增长当中的第一驱动力，最终消费支出对GDP增长的贡献率达到了48.8%，资本形成总额对GDP增长的贡献率下降到了46.9%，并且2015年和2016年的最终消费支出对GDP增长的贡献率得到了进一步提升。可以乐观地预见，中国将来的最终消费支出对GDP的贡献率必然会稳步提升。不得不说，在中国经济发展进入新常态的情况下，这一变化充分说明了我国的经济结构正在经历着历史性的重要转变。

喜忧参半的是，最终消费支出仍然面临着整体消费率下滑、政府消费支出占比缓慢增加、居民消费支出占比降低、城乡居民消费差距扩大和农村居民消费增长乏力的多重困境，农村居民消费能力不足和消费结构不合理所导致的农村消费困境成为关键制约因素。国家统计局数据显示，1978~2015年，整体消费率由1978年的62.10%下降到了2010年的48.19%，2012~2015年有逐渐回升的趋势，2015年回升到了51.8%；最终消费支出中的政府消费支出占比由21.44%上升到了26.58%，相反，居民消费支出占比由78.56%下降到了73.42%；居民消费支出当中农村居民消费支出占比由62.1%下降到了22.24%。从居民消费结构来看，虽然城乡居民消费结构保持着不断升级的状态，但是城乡居民消费结构仍然存在不合理的情况，特别是农村居民消费结构不合理情况更为突出。其中，农村居民食品消费支出占比和医疗保健支出占比均明显大于城镇居民，2015年农村居民食品消费支出占比和医疗保健支出占比分别为33.05%和9.17%，城镇居民的食品消费支出占比和医疗保健支出占比分别为29.73%和6.75%。

1.1.2 研究农民消费的现实意义

现如今，我国已进入消费需求持续增长、消费结构加快升级、消费拉动经济作用明显增强的重要阶段。以传统消费提质升级、新兴消费蓬勃兴起为主要内容的新消费，特别是服务消费、信息消费、绿色消费、时尚消费、品质消费、农村消费等重点领域快速发展，将引领相关产业、基础设施和公共服务投资迅速成长，拓展未来发展新空间，更好地推动经济持续增长。因此，农村居民消费行为及结构演化研究有助于找准农民消费相对低下的根源，并积极引领农民消费转型升级，其研究意义主要体现在以下几个方面。

第一，进行农村居民消费行为及结构演化研究，积极发挥消费引领作用，有利于畅通经济良性循环体系、构建经济稳定增长长效机制。当前我国经济下行压力持续加大，结构性矛盾越发突出，在投资需求和净出口需求增速回落的情况下，消费需求对经济增长的贡献明显增强。"十二五"期间，最终消费支出对经济增长的年均贡献率为54.46%，明显高于投资贡献率。最终消费充分发挥了"稳定器"的作用，缓解了经济持续下行的态势，有力支撑了宏观经济平稳增长。随着城乡协调发展的逐步推进、农村居民收入水平的不断提高、消费观念逐步转变、农村人口结构发生变化，农民消费升级的需求日渐迫切。而信息化时代的信息技术、智能制造技术、新能源技术等先进科技涌现，直接为新一轮农村居民消费升级奠定了坚实的基础。如今，农村居民消费需求已进入业态创新、产品创新、服务创新、技术创新、商业模式创新的发展阶段，只有不断满足农村居民的消费新需求，增加产业和产品的新供给，创造市场新活力，实现潜在需求向现实增长动力的有效转换，才能更好地支持经济长期健康发展。

第二，进行农村居民消费行为及结构演化研究，积极发挥消费引领作用，有利于加快推动第一、第二、第三产业融合发展，实现经济提质增效。随着我国进入工业化中后期，产业结构与需求结构发生规律性变化，消费需求引领经济增长的作用将更加突出。农村地区的信息消费、绿色消费、健康消费、文化消费、旅游休闲消费、个性化消费等正处于蓬勃发展阶段，并有力拉动了第一、第二、第三产业融合发展和行业优化升级。当然，我们也应该看到，农业现代化道路仍然漫长，产业转型升级进度仍然较为缓慢。在此背景下，战略性新兴产业及教育、医疗、养老、旅游休闲等现代服务业推动增长的作用更加凸显。我们只有牢牢把握新消费需求不断涌现的重要机遇，在广大的农村地区大力催生新业态与新动力，协同推进农村居民消费升级和产业升级，围绕消费升级的方向进行投资、创新和生产，利用广大城乡居民的消费潜力，发挥城镇居民消费的带动作用，确保农村居民消费快速、稳定增长和结构优化，有效化解过剩产能，提高投资和创新有效性，才能实现更有质量和效益的增长。

第三，进行农村居民消费行为及结构演化研究，积极发挥消费引领作用，有利于更好地满足农民消费需求，提高农民生活质量。党的十八大报告明确指出，"要牢牢把握扩大内需这一战略基点，加快建立扩大消费需求长效机制，释放居民消费潜力"[①]。从我国实际情况来看，扩大内需的关键还是扩大农村居民消费需求。"十三五"作为我国如期全面建成小康社会的决胜时期，到2020年实现GDP和城乡居民人均收入比2010年翻一番的目标，这充分意味着我国的经济实力会进一步增强，城乡居民的生活水平和消费需求及消费能力必然会进一步提高。农村居民消费关系农民的福祉，要实现农民生活水平提高、生活质量改善的长远目标，就必须顺应农民消费水平的提高和消费结构升级的趋势，不断为农民谋发展、促发展，大力倡导坚持市场主导、崇尚绿色环保、讲求质量品质、注重多元发展的新型消费模式，真正使发展成果惠及更广阔的农村地区和更广大的农民群体，更多体现为农民生活质量的提高和农民福利的改善。

---

① 引自2012年11月8日《人民日报》中的文章：《坚定不移沿着中国特色社会主义道路前进　为全面建成小康社会而奋斗》。

1.2 本书的目标与写作思路

1.2.1 本书的主要对象

农村居民收入及收入结构和消费习惯与农村居民的消费水平变化有着天然的联系。本书研究的总目标是基于农民收入增长和收入结构演化视角，引入农村居民消费行为，通过理论与实证分析明确我国农村居民消费水平及其消费结构变化的现实问题，找准农村居民消费困境的关键制约因素，研究引导我国农村居民消费需求、提高农村居民消费水平、改善农村居民消费结构的对策，并最终为实现经济结构深化调整和转型，实现经济内生增长，探寻一条更加公平、全民可享的可持续经济增长道路。为实现这一总目标，本书研究必须实现以下具体目标：①通过对比城镇居民和农村居民之间的消费结构，并对农村居民消费结构进行跨时期的具体分析，深入探索农村居民消费结构的具体变化规律及产生这些变化的原因。②基于中国省级面板数据，对我国农民收入结构对其消费结构影响的整体效应和区域差异进行深入探索。③将农村居民习惯形成（habit formation）和收入结构同时纳入模型对农村居民消费行为进行实证研究，重点对农村居民消费行为进行阶段性划分，将制约农村居民消费扩张的诸多因素进行深入、有效和全面的揭示。④基于时间序列数据，运用生命周期理论来实证研究我国农村居民消费问题，从而为拓展农村消费市场提供理论与实证支持。⑤深入探索城乡居民消费行为的具体变化规律和时期差异，以及产生这些变化和导致这些差异的深层次原因，在此基础上提出优化我国农村居民收入结构和消费结构的对策措施。⑥对财政金融支农投入对农村居民消费影响的总体效应、阶段效应及区域性差异进行深入探索。⑦基于县域层面的数据，揭示财政金融政策实施对县域消费带动作用的分层差异。⑧研究人口城镇化与空间城镇化对县域居民消费的影响，并比较两者之间的差异。

1.2.2 本书的具体思路

本书研究的具体开展将采用规范研究、实证研究和政策研究相结合的方法。

规范研究注重界定基本概念和借鉴国内外研究,并以此为基础展开理论分析。实证研究是本书的核心,借此全面揭示农村居民消费行为与消费结构演变的历史事实、现状及存在的问题,并在此基础上分别进行定性分析和定量分析。定性分析注重制度和历史分析法的运用;定量分析强调数据可靠、方法实用、手段先进,将主要基于中国的时序数据、县域截面数据、省域截面数据、省级面板数据,运用时间序列分析方法、分位数回归方法、面板数据分析方法、非线性最小二乘法(nonlinear least squares, NLS)、广义矩方法(generalized method of moments, GMM)等研究农村居民消费行为及消费制约因素。政策研究是本书研究的最终归属,理论研究与实证研究均以其为服务目标。政策研究必须具备目标性与阶段性,将特别强调可操作性。

1.3　本书的内容与安排

1.3.1　详细内容安排

本书的主要研究内容包括以下九个方面:各时期农村居民消费结构的演化及特征分析;农民收入结构对消费结构的总体影响与区域差异分析;习惯形成和收入结构失衡与农村居民消费行为演化;基于生命周期理论视角的我国农村居民消费问题分析;城乡居民消费行为及结构演化的比较分析;政府财政金融支农投入对启动农村消费的作用;县域财政金融政策与居民消费的分层差异分析;城镇化对县域居民消费的影响研究;中国农村居民消费行为及结构演化研究的总结与展望。

1.3.2　具体章节简要概述

本书的章节安排如下。
第 1 章为导论。该章简要介绍研究背景及意义、研究目标及思路和本书的研究内容与章节安排。
第 2 章为各时期农村居民消费结构的演化及特征分析。我国作为一个典型的二元经济结构国家，城乡经济发展水平差距明显，城乡居民的生活质量，特别是城乡居民消费水平、消费结构同样存在很大的差异。该章关注的问题是农村居民消费结构演化及其相关问题，基于"九五""十五""十一五""十二五"期末的截面数据发现，农村居民的整体消费水平得到了明显提高，其消费结构也发生了一定程度的变化；但是，农村居民消费结构在具体构成分布比例上仍然不合理，消费结构的升级相对缓慢，与城市整体消费结构还有一定的差距。

第3章为农民收入结构对消费结构的总体影响与区域差异。我国面临着整体消费率下滑、城乡与地区消费率差异扩大、政府消费支出占比增加和居民消费支出占比降低的多重困境。在制约消费的众多因素中，收入是决定因素，不仅影响农村居民的总体生活消费水平，而且直接关系到农村居民消费结构的合理化。已有文献对农民收入结构与农民消费结构之间关系的研究逐渐增多，但少有研究考虑到不同地区农民收入构成的显著差异所导致的消费结构异质性。该章通过实证研究发现，农民各项收入对各项消费的作用强度存在显著差异；东、中、西部三个地区农民的收入结构和消费结构的合理性依次逐渐降低，均有待进一步优化和升级。该章依据研究结果，对以上问题提出相应科学合理的政策建议。

第4章为习惯形成和收入结构失衡与农村居民消费行为演化。习惯形成是一种特殊的效用理论，它充分考虑了人们的"心理存量"，认为现期消费产生的效用不仅取决于现期消费水平，而且在不同程度上取决于过去的习惯存量。该章的主要目的是，将习惯因素纳入消费者行为研究中，并基于1993~2013年中国31个省区市（不包含港澳台）的住户调查数据，主要进行阶段性划分，构建省级动态面板数据理论模型，对农村居民习惯形成、收入结构失衡与农民消费行为之间的时空差异进行深入探索。

第5章为基于生命周期理论视角的我国农村居民消费问题分析。该章运用生命周期理论建立农村居民消费函数进行实证研究，力图探寻影响农村消费的关键性因素。实证研究结果显示，中国农村居民消费可以用变形生命周期函数予以解释。消费刚性和农村居民纯收入对农村居民消费影响显著，并据此从改善消费预期、培育消费习惯和减少不确定性等方面给出相应的政策建议。

第6章为城乡居民消费行为及结构演化的比较分析。转变经济发展方式、实现经济内生增长是中国经济进入新常态阶段最迫切需要解决的问题，而实现这一目标，最为重要的则是居民消费水平的有效提升，尤其是农村居民消费困境的破解。该章采用非线性最小二乘法对中国城乡居民消费行为及其演化规律进行跨时期分析，结果发现城乡居民收入与消费之间表现为明显的非线性关系，并没有完全遵循边际消费倾向递减规律。农民收入增长质量较低，而且收入结构不合理，从而直接导致了农民消费水平低下且结构不合理。

第7章为政府财政金融支农投入对启动农村消费的作用。政府财政金融支农投入是影响农村消费的一个重要因素,但已有文献对这种关系的实证研究基本都是将财政政策和金融政策的支农效应进行单独分析。该章的目的是基于30个省区市(不包含西藏和港澳台)的面板数据,深入探索财政金融支农投入对农村居民消费影响的总体效应、阶段效应及区域性差异,从而为下一步的财政金融投入提供实证依据。实证研究结果同我们预期的一样,财政金融支农投入提高了农村居民收入,间接促进了农村居民的消费。2004年以后金融支农投入对农村消费市场的推动作用开始显现,而财政支农投入的推动作用反而有所下降。我国财政金融支农投入对农村居民消费的影响存在明显的区域性差异。

第8章为县域财政金融政策与居民消费的分层差异分析。县域消费市场的推进是新常态下转变经济发展模式的重要突破点,而政府财政金融政策作为宏观调控手段,是引导县域居民消费的重要途径。该章通过构建县域居民消费的动态最优化模型,运用分位数回归法进行实证研究分析,实证研究结果表明,财政金融促进县域居民消费的作用并不明显,应有针对性地制定差异化的财政金融政策。

第9章为城镇化对县域居民消费的影响研究。该章从理论上分析人口城镇化及空间城镇化对县域居民消费影响的作用机制,并运用最小二乘法和分位数回归法进行实证检验,对比分析人口城镇化和空间城镇化对县域居民消费的影响差异。研究结果显示,人口城镇化和空间城镇化都有效促进了县域居民消费,其中,人口城镇化的弹性系数随着分位点的上升而上升,而空间城镇化在低消费组和高消费组尚未起到显著的促进作用,且在其余分位点呈现出倒"U"形分布;在对两者的促进作用进行比较后发现,人口城镇化对县域居民消费的促进作用要明显大于空间城镇化。

第10章为总结与展望。该章在总结本书的主要结论的基础上,讨论未来中国农村居民消费行为需进一步研究的问题。

第 2 章 各时期农村居民消费结构的演化及特征分析

2.1 引　　言

"十四五"是我国开启全面建成小康社会、实现第一个百年奋斗目标之后，乘势而上开启全面建设社会主义现代化国家征程、向第二个百年奋斗目标进军的第一个五年，中国将进入新发展阶段。继续较快增加农村居民收入、保持农村消费扩张是畅通国内大循环、构建国内国际双循环相互促进的新发展格局、实现经济高质量发展的重要战略举措。我国作为一个典型的二元经济结构国家，城乡经济发展水平差距明显，城乡居民的生活质量，特别是城乡居民消费水平、消费结构同样存在很大的差异。2015 年我国城镇与农村居民收入之比高达 2.73∶1。相应地，虽然 2011～2015 年我国城乡居民消费的恩格尔系数呈现逐年下降趋势，但截至 2015 年两者差距仍然高达 3.3 个百分点。这不仅体现了农村居民消费层次低于城镇居民，而且这一趋势将进一步持续，并不利于农村消费市场的开拓和扩大内需的紧迫任务。因此，我国农村居民消费结构及其变化不仅是国家宏观经济政策关注的重点，也是当前理论研究的热门话题。

现代消费理论起源于 Keynes 提出的绝对收入假说，他创造性地引入收入变量，认为收入是消费的决定因素并受边际消费倾向的影响；Duesenberry（1949）、Modigliani（1949）提出的相对收入假说认为消费者的消费不仅受到消费者前期消费的影响，而且受到周围消费者的影响；而 Friedman（1957）提出的持久收入假说则认为收入可以分为持久收入和瞬时收入，消费由持久收入决定，不会对收入的短期变动有较大的反应，消费比收入更平滑。同时，西方经济学家开始运用数量经济的研究方法来研究消费结构。英国经济学家 Stone（1954）提出了线性支出系统（linear expenditure system，LES）模型。而 Lluch（1973）提出的扩展线性支出系统（extend linear expenditure system，ELES）模型则认为，人们对某种商品的需求量取决于人们的收入和该商品的价格，此系统可用于进行消费结构的分析。随着不确定性的考察成为可能之后，收入的不确定性及由此引致的预防性储蓄很快成为消费问题研究的热点。

国内学者对居民消费及消费结构问题的研究起步较晚，但2000年以来关于农村居民消费的相关研究明显增多。在农村居民消费问题研究方面，朱信凯和雷海章（2000）认为我国农村居民过去的消费会对现在的消费产生影响，即我国农村居民消费存在棘轮效应[①]；而孙江明和钟甫宁（2000）认为收入水平低、分配差距大是制约农村居民消费的主要因素；万广华等（2001）认为流动性约束及不确定性的增大造成了我国低消费增长和内需不足；李锐和项海容（2004）认为从长期来看，农村居民消费主要受持久性收入的影响；史清华等（2005）认为由于我国农村社会保障体系建设的滞后性，农村居民对未来的不确定性预期增强，预防性储蓄倾向上升，抑制了其当期的消费。农村消费问题研究课题组等（2007）则进一步强调了农民持续增收难度大、基础设施薄弱、面临较大的不确定性和消费观念与习俗落后是制约农村扩大消费的关键因素。在农村居民消费结构研究方面，李锐（2003）对农村居民的消费行为和消费结构进行定量分析，得出了居民消费行为的特征和各类消费支出之间的数量关系。林毅夫（2003）认为消费环境问题对消费的影响更多地体现在消费质量、消费结构和消费效用上。段晓强（2004）在借鉴西方消费理论的基础上，采用聚类分析和因子分析的方法对我国居民消费结构进行了纵向和横向的比较。李立清和李燕凌（2003）从农村居民消费结构的多层次性及其灰色关联分析，发现我国农村居民消费支出分为"主动型消费"和"被动型消费"。叶宗裕（2007）通过对ELES模型进行改进，利用面板数据对不同收入组中各类消费品的边际消费倾向进行了分析。南建党（2008）利用ELES模型，通过对广东省消费结构的考察，得出了当前我国东部广大农村地区居民消费的一般特征；周发明（2008）对比了我国城乡居民消费结构的差异，并分析了产生这种差异的原因。另外，朱信凯和骆晨（2011）以消费函数为主线，通过文献综述的形式具体分析了消费经济的整个发展脉络，并提出了我国消费经济研究的几个认识论问题。而方松海等（2011）具体分析了制约我国农村居民消费扩张的三大因素，并提出了具体的建议措施。温涛等（2013）对农民收入与消费结构之间的关系进行了研究，其结果表明农民的各项收入对各项消费的作用强度存在

---

① 棘轮效应是指消费者的现期消费支出水平不仅受到现期收入的影响，而且受过去消费水平和过去所达到的最高收入水平的影响。人们在收入高峰期形成的消费习惯难以改变，从而当现期收入减少时，人们不会马上减少其消费，宁可减少储蓄或者借债也要维持原有的消费水平，即所谓"由奢入俭难"，消费在短期内是刚性的，存在着不可逆性。

明显差异，但是家庭经营收入仍然是其分项消费支出的最主要影响因素。李翔和朱玉春（2013）以陕西省农村居民消费结构为研究对象，采用灰色关联模型进行分析后发现，由求生存到求享受、求发展是农村居民消费的特征，然而目前阶段农村居民消费结构优化面临障碍。谭涛等（2014）根据15 606个观测数据，运用QUAIDS（quadratic almost ideal demand system，二次近乎完美需求系统）模型对我国农村居民消费支出的结构与弹性进行分析后认为，衣着消费、文教娱乐消费的支出弹性比较大，而耐用品消费的收入弹性比较大。同时我国存在着严重的地区发展不均衡问题，东部沿海地区经济已接近或达到发达国家水平，其居民消费支出中服务业产品占比较大；中、西部地区发展相对滞后，衣食住行方面的支出依然占较大比重（周黎安和陈烨，2015）。

从上述文献梳理可以发现，农村居民消费研究更多的是从整体层面对消费水平进行分析，而对农村居民消费结构演化及其相关问题的关注仍然不足，更无法揭示制约农村居民消费扩张的结构性因素。鉴于此，本章将分别采用"九五""十五""十一五""十二五"期末的截面数据，利用ELES模型首先对比城镇居民和农村居民之间的消费结构，然后在此基础上对农村居民消费结构进行跨时期的具体分析，深入探索农村居民消费结构的具体变化规律及产生这些变化的原因，最后在此基础上提出优化我国农村居民消费结构的对策措施。

2.2 理 论 逻 辑

ELES模型是经济学家Lluch在英国计量经济学家Stone的LES模型的基础上提出的一种需求函数系统。

ELES模型假定某一时期人们对各种商品（包括服务）的需求量是由人们的收入和各种商品的价格决定的，而且将人们对各种商品的需求分为基本需求和基本需求之外的需求两部分。该模型认为人们的基本需求与其收入水平是无关的，而人们的基本需求得到满足之后才将剩余收入按照某种消费偏好即边际消费倾向安排到基本需求之外的需求。

ELES模型的基本形式为

$$C_j = p_j q_j^0 + \beta_j^* \left(I - \sum_{j=1}^{n} p_j q_j^0 \right), \quad j = 1, 2, \cdots, n \quad (2-1)$$

式中，p和q分别表示商品的价格和消费量；C_j表示对第j种商品的总消费量；

$p_j q_j^0$ 表示对第 j 种商品的基本消费量；β_j^* 表示第 j 种商品的边际消费倾向；I 表示可支配收入。式（2-1）所表示的经济含义是：人们对某种商品的需求分为基本需求和追加需求两部分；在收入和价格水平一定的情况下，人们优先满足基本需求，然后再按照某种边际消费倾向将其剩余的收入部分分配到各种商品的消费上。

对式（2-1）进行变形有

$$C_j = \beta_j^* I + p_j q_j^0 - \beta_j^* \sum_{j=1}^{n} p_j q_j^0, \quad j = 1, 2, \cdots, n \tag{2-2}$$

即

$$C_j = \alpha_j + \beta_j^* I, \quad j = 1, 2, \cdots, n \tag{2-3}$$

式中，

$$\alpha_j = p_j q_j^0 - \beta_j^* \sum_{j=1}^{n} p_j q_j^0, \quad j = 1, 2, \cdots, n \tag{2-4}$$

将式（2-3）转化为计量经济模型，即

$$C_j = \alpha_j + \beta_j^* I + \mu_j, \quad j = 1, 2, \cdots, n \tag{2-5}$$

因此，我们可以根据式（2-5）利用消费和收入的数据对模型进行估计。另外，对式（2-4）两边进行整理可得

$$\sum_{j=1}^{n} p_j q_j^0 = \frac{\sum_{j=1}^{n} \alpha_j}{1 - \sum_{j=1}^{n} \beta_j^*}, \quad j = 1, 2, \cdots, n \tag{2-6}$$

然后将式（2-6）代入式（2-4），便可以求出每部分消费的基本消费支出，即

$$p_j q_j^0 = \left| \alpha_j + \beta_j^* \frac{\sum_{j=1}^{n} \alpha_j}{1 - \sum_{j=1}^{n} \beta_j^*} \right|, \quad j = 1, 2, \cdots, n \tag{2-7}$$

在假设价格不变的条件下，我们可以导出第 j 种商品的收入弹性 ε_j：

$$\varepsilon_j = \frac{\dfrac{\partial q_j}{q_j}}{\dfrac{\partial I}{I}} = \beta_j^* \frac{I}{C_j}, \quad j = 1, 2, \cdots, n \tag{2-8}$$

2.3 样本和数据

经过对 ELES 模型变形，模型中只存在消费和收入两个核心变量。消费包括食品、衣着、居住、家庭设备及用品、交通通信、文教娱乐、医疗保健、其他消费八类；收入包括农村居民人均纯收入和城镇居民人均可支配收入。由于我们要利用"九五""十五""十一五""十二五"期末的截面数据来分析我国农村居民的消费结构及其变化，分别以 2000 年、2005 年、2010 年及 2015 年为截面对我国城镇居民和农村居民的八大类消费分别作回归分析，比较城镇居民和农村居民消费结构之间的变化和差异，然后再具体分析每一年的农村居民消费结构，最后通过不同年份的比较来分析说明我国农村居民消费结构的变化。其中，回归模型中的解释变量分别为 2000 年、2005 年、2010 年及 2015 年农村居民人均纯收入和城镇居民人均可支配收入，被解释变量分别为 2000 年、2005 年、2010 年及 2015 年农村居民和城镇居民八大类消费。以上数据分别来源于 2001 年、2006 年、2011 年及 2016 年《中国统计年鉴》。图 2-1 和图 2-2 为就全国总体情况而言的我国农村居民和城镇居民消费构成。

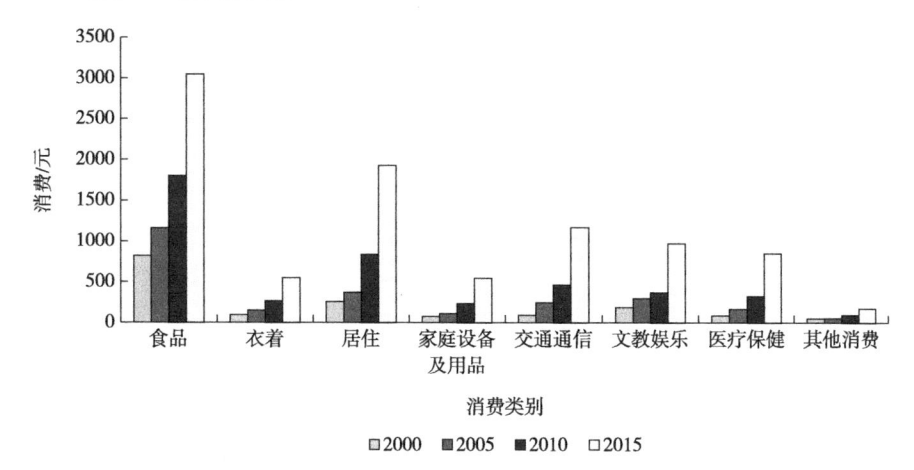

图 2-1 农村居民 2000 年、2005 年、2010 年及 2015 年消费构成

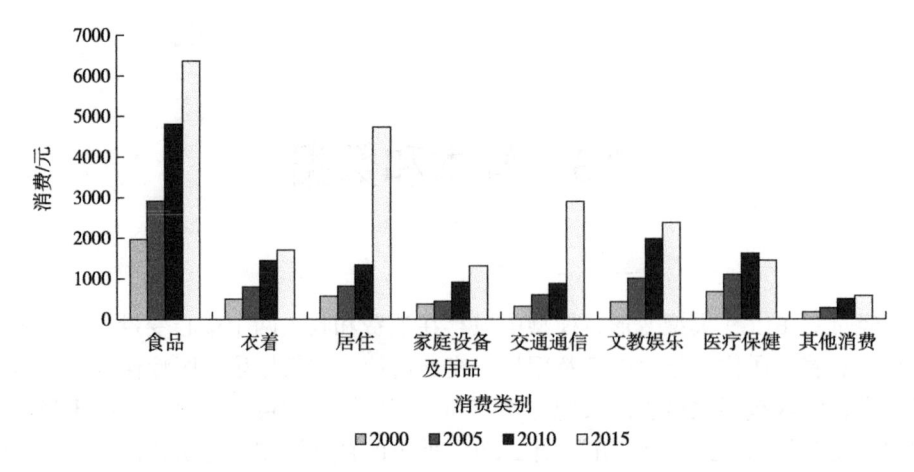

图 2-2　城镇居民 2000 年、2005 年、2010 年及 2015 年消费构成

由图 2-1 和图 2-2 可以看出，2000~2015 年我国农村居民和城镇居民消费构成部分基本趋于上升的状态。其中，对农村居民来说，上升较快的是食品、居住及交通通信等，其他部分处于相对较慢的状态；而对城镇居民来说，上升较快的是食品、居住、交通通信及文教娱乐等，其他部分相对来说较慢。从整体上看，我国农村居民和城镇居民各项消费在其总体消费中所占的比例也具有较大的差异性，城镇居民各项消费相对于农村居民各项消费在总体消费中所占的比例较为合理，而农村居民消费中食品和居住则占很大的比例。而且，农村居民各项消费和城镇居民各项消费在总体消费中所占比例的大小也在随着年份的变化而变化。因此，我们将通过利用数据而进行的实证分析来具体分析上面所提到的问题，并具体分析这些问题所产生的原因。

2.4　计量分析

2.4.1　城乡居民收入与消费结构的实证结果

由于是利用截面数据进行分析，本章利用加权最小二乘法（weighted least squares，WLS）进行估计以消除模型中所存在的异方差性。表 2-1 是在 EViews 6.0 中得出的 2000 年、2005 年、2010 年及 2015 年农村居民的消费构成与其人均纯收入,以及城镇居民消费构成与其人均可支配收入的回归结果。

表 2-1 农村居民及城镇居民消费构成与其收入回归结果

消费	农村居民				城镇居民			
	模型一	模型二	模型三	模型四	模型五	模型六	模型七	模型八
	2000年	2005年	2010年	2015年	2000年	2005年	2010年	2015年
食品	0.241***	0.218***	0.206***	0.199***	0.318***	0.228***	0.199***	0.139***
	(9.223)	(54.736)	(21.637)	(88.303)	(17.959)	(10.512)	(10.319)	(45.360)
	274.140	423.290	548.218	881.990	-1.791	552.981	1037.328	2044.076
衣着	0.035***	0.042***	0.039***	0.036***	0.021***	0.026***	0.031***	0.022***
	(7.863)	(9.594)	(7.911)	(15.825)	(9.154)	(3.722)	(10.544)	(11.787)
	20.025	16.472	38.036	160.378	373.568	533.490	836.592	1039.676
居住	0.129***	0.129***	0.137***	0.201***	0.062***	0.068***	0.053***	0.272***
	(15.025)	(18.743)	(10.439)	(38.317)	(4.588)	(12.663)	(7.876)	(173.925)
	-43.083	-53.914	7.029	-356.955	84.031	103.687	291.709	-3610.610
家庭设备及用品	0.043***	0.044***	0.031***	0.037***	0.085***	0.044***	0.049***	0.03***
	(39.837)	(22.177)	(9.604)	(42.450)	(76.291)	(11.315)	(8.954)	(21.575)
	-22.671	-35.546	9.604	106.646	-90.192	-9.515	-48.871	342.771
交通通信	0.062***	0.093***	0.097***	0.104***	0.078***	0.134***	0.154***	0.094***
	(421.752)	(17.963)	(12.228)	(148.650)	(60.915)	(24.497)	(56.393)	(26.760)
	-51.619	-61.726	-124.749	-2.542	-97.318	-445.419	-964.184	-54.333
文教娱乐	0.097***	0.111***	0.079***	0.026***	0.107***	0.316***	0.122***	0.076***
	(13.074)	(13.169)	(10.146)	(7.228)	(10.722)	(16.066)	(14.787)	(33.532)
	-36.249	-78.154	-108.354	650.977	-49.483	-328.432	-711.548	14.149
医疗保健	0.047***	0.061***	0.044***	0.046***	0.037***	0.041***	0.025***	0.028***
	(7.621)	(64.182)	(6.369)	(110.640)	(5.274)	(10.605)	(15.889)	(6.802)
	-14.158	-29.492	62.970	334.169	82.849	165.516	381.354	612.907
其他消费	0.027***	0.019***	0.014***	0.027***	0.044***	0.029***	0.032***	0.022***
	(85.246)	(118.796)	(10.377)	(13.905)	(10.484)	(8.739)	(57.229)	(85.750)
	-10.074	-11.823	10.377	-113.977	-8.156	-25.116	-93.833	94.150

注:各消费构成部分每一年包含三个数据,从上到下依次为回归系数、t值及常数项
***代表在1%的显著性水平下显著

从表 2-1 的回归结果可以看出，在 1%的显著性水平下，模型能够通过显著性检验。这说明，我国农村居民人均纯收入对其各消费构成部分具有显著的影响；同样，城镇居民人均可支配收入对其各消费构成部分也具有显著的影响。

2.4.2 农村居民与城镇居民消费结构对比分析

由于我国特殊的城乡二元经济结构，城乡经济发展乃至城乡居民收入都存在较大的差异，这就决定了农村居民与城镇居民之间的消费结构存在较大的差异。2000 年我国农村居民人均消费为 1670.13 元，到 2015 年农村居民人均消费为 9222.70 元，相对于 2000 年增长了 452.21%。而 2000 年我国城镇居民人均消费为 4998 元，到 2015 年为 21 392.4 元，相对于 2000 年增长了 328.02%。从中可以看出，从 2000 年到 2015 年我国农村居民和城镇居民人均消费均呈现上升的趋势，并且农村居民人均消费的上升幅度高于城镇居民，城乡居民消费之比由 2000 年的 2.99 缩小到 2015 年的 2.32，这说明我国城乡消费的差距在缩小，农村的消费结构也得到了一定的改善。

表 2-2 为我国农村居民和城镇居民消费构成部分所占比重。从食品、居住两个方面来看，其在我国农村居民消费中所占比重基本高于在城镇居民消费中所占比重。就食品消费来看，其在农村居民和城镇居民消费中所占比重都呈下降的趋势，并且到 2015 年农村居民的食品消费所占比重已降到 40%以下。而就居住消费来看，2015 年其在农村居民消费中所占比重略低于在城镇居民消费中所占比重，并大致呈现上升的趋势。衣着消费在农村居民和城镇居民消费中所占比重都比较稳定。从发展型与享受型消费来看，农村居民的发展型和享受型消费比重低于城镇居民。到 2015 年农村居民的家庭设备及用品、交通通信、文教娱乐消费基本与城镇居民持平。而从医疗保健消费来看，其在农村居民消费中所占比重则要略高于在城镇居民消费中所占比重。这说明，虽然我国"三农"问题有了一定的好转，农村居民收入和消费水平得到了一定提升，但是就具体的消费构成来说，农村居民的食品、居住等生活必需消费仍然占较大的比例，而发展型和享受型的消费所占比例则相对较小，并且农村居民仍然为医疗保健承受较大的负担。因此，启动我国农村消费市场应在有效缓解农村居民后顾之忧的基础上，充分挖掘农村居民在家庭设备及用品、交通通信及文教娱乐等发展型和享受型消费方面的潜力。

表 2-2 我国农村居民与城镇居民消费构成部分所占比重

类别	年份	食品	衣着	居住	家庭设备及用品	交通通信	文教娱乐	医疗保健	其他消费
农村居民	2000	49%	6%	15%	5%	6%	11%	5%	3%
	2005	45%	6%	14%	4%	10%	12%	7%	2%
	2010	41%	6%	19%	5%	11%	8%	7%	2%
	2015	33%	6%	21%	6%	13%	11%	9%	1%
城镇居民	2000	39%	10%	10%	9%	8%	13%	6%	5%
	2005	37%	10%	10%	6%	13%	14%	8%	3%
	2010	36%	11%	10%	7%	15%	12%	6%	4%
	2015	30%	8%	22%	6%	14%	11%	7%	2%

资料来源：表中的数据是通过计算我国农村居民与城镇居民各类消费品占其合计总和的比例所得，其数据来源于 2001 年、2006 年、2011 年及 2016 年《中国统计年鉴》。

注：本表数据因进行了四舍五入，存在比例合计不等于100%的情况。

2.4.3 农村居民与城镇居民边际消费倾向和平均消费倾向分析

边际消费倾向是指居民每增加一单位可支配收入或纯收入用于增加消费支出的份额。2000 年我国农村居民总的边际消费倾向为 0.681，2005 年我国农村居民总的边际消费倾向为 0.717，2010 年我国农村居民总的边际消费倾向为 0.647，2015 年我国农村居民总的边际消费倾向为 0.676。可见，2005 年与 2000 年相比，农村居民总的边际消费倾向处于上升的状态，而 2010 年与 2005 年相比，农村居民总的边际消费倾向又呈现下降趋势，而 2015 年与 2010 年相比，农村居民总的边际消费倾向又处于上升状态。之所以出现这种状况是因为"九五"到"十五"期间是我国农民收入增长困难时期，特别是 1997~2003 年农民收入增长没有一年超过 5%，甚至个别年份出现实际负增长，农村居民生活相对困难从而使农村居民总的边际消费倾向呈现上升的趋势。2004 年以后，国家加大了对"三农"的关注力度，国家的各种优惠政策及补贴政策使农民收入明显提高，农民的各种消费虽然也有所提高，但"十一五"期间农村居民生活条件的改善使其总边际消费倾向出现下降，而在"十二五"期间国家的精准扶贫使其总边际消费倾向出现上升。与城镇居民相比，我国农村居民总的边际消费倾向在各个阶段都偏低，说明农村居民在社会保障、医疗保障等与城镇居民存在明显差异的情况下，其消费相对趋于保守。

从回归结果中可以看出，2000 年、2005 年、2010 年及 2015 年农村居民边际消费倾向最高的基本是食品且比较稳定，可见食品消费在农村居民消费中仍然占据着主导地位。而居住的边际消费倾向在"九五"到"十一五"期间相对来说比较稳定，但是在"十二五"期间却呈现出明显上升的趋势，这与我国"十二五"期间农村居民居住消费呈现上升的趋势是相吻合的。另外，交通通信、文教娱乐及医疗保健的边际消费倾向呈现出在稳定中略有上升的趋势。

2.4.4 农村居民边际预算份额分析

边际预算份额是指居民每增加一单位商品和服务的消费，用于增加某类消费品支出所占的比例。边际预算份额具体反映了居民消费支出的具体方向。表 2-3 为 2000 年、2005 年、2010 年及 2015 年我国农村居民的边际预算份额。

表 2-3 我国农村居民边际预算份额

年份	食品	衣着	居住	家庭设备及用品	交通通信	文教娱乐	医疗保健	其他消费
2000	35%	5%	19%	6%	9%	14%	7%	4%
2005	30%	6%	18%	6%	13%	15%	9%	3%
2010	32%	6%	21%	5%	15%	12%	7%	2%
2015	29%	5%	30%	5%	15%	4%	7%	4%

注：本表数据因进行了四舍五入，存在比例合计不等于100%的情况

从表 2-3 中可以看出，2000 年、2005 年、2010 年及 2015 年我国农村居民仅食品和居住消费就占总消费的 50%左右，而其他类型消费占比则相对来说较少，充分说明了当前我国农村居民消费结构存在一定的不合理性。农村居民将很大一部分消费支出都放在了食品和居住上，这也表明我国广大农村地区并不富裕的经济状况。而这种经济的不富裕又制约了农村居民的消费支出，使农村居民的消费结构更加难以改善。可见，农村居民消费结构的不合理性在我国已经是一个长期存在的问题，其根本原因还是经济发展水平较低。

另外，2000 年我国农村居民家庭恩格尔系数为 49.1%，2005 年为 45.5%，2010 年为 41.1%，2015 年为 37.1%。尽管农村居民家庭恩格尔系数呈现下降的趋势，但仍然在 40%左右，从中我们也可以看到农村居民基本生活消费在总消费中占很大的比例。这也充分解释了农村居民较高的食品和居住边际预算份额。值得注意的是，从我国农村居民消费中的交通通信、文教娱乐及医疗保健等消费来看，其在总消费中所占比重比较稳定或略有上升，反映了其巨大的消费潜力。

2.4.5 农村居民基本消费支出与实际消费支出分析

在模型设定时，我们已经说明了 ELES 模型包括基本需求和基本需求之外的需求两部分，在模型变形的过程中也给出了基本消费支出的计算公式。实际消费支出则是《中国统计年鉴》的实际数据，而利用基本消费支出与实际消费支出可以分析农村居民的消费结构。表 2-4 给出了 2000 年、2005 年、2010 年及 2015 年我国农村居民基本消费支出和实际消费支出。从表 2-4 中可以看到，我国农村居民的基本消费支出与实际消费支出总体上处于增长的趋势。可见随着农民收入的提高及农民生活水平的提高，农村居民的整体消费都趋于上升。

表 2-4 我国农村居民基本消费支出和实际消费支出 单位：元

类别	年份	食品	衣着	居住	家庭设备及用品	交通通信	文教娱乐	医疗保健	其他消费	合计
基本消费支出	2000	362.01	32.79	3.95	6.99	29.01	0.88	2.98	0.23	438.84
	2005	552.79	41.42	21.71	9.41	6.48	12.22	6.74	0.54	651.31
	2010	823.79	90.21	190.29	83.68	5.01	2.67	121.83	25.59	1343.07
	2015	1212.70	218.49	72.46	204.36	203.95	729.51	421.76	75.01	3138.24
实际消费支出	2000	820.52	95.95	258.34	75.45	93.13	186.72	87.57	52.46	1670.13
	2005	1162.16	148.57	370.16	111.44	244.98	295.48	168.09	54.52	2555.40
	2010	1401.30	205.47	649.95	182.15	358.83	285.39	253.73	73.17	3409.98
	2015	3048.00	550.50	1926.20	545.60	1163.10	969.30	846.00	174.00	9222.70
基本/实际	2000									0.26
	2005									0.25
	2010									0.39
	2015									0.34

注：表中基本消费支出数据是由模型设定中的式（2-7）计算所得，实际消费支出数据来源于 2001 年、2006 年、2011 年及 2016 年《中国统计年鉴》。基本/实际为农村居民总体的基本消费支出与实际消费支出的比值，该比值可以刻画农村居民生存型消费在实际消费中所占的比重

基本消费支出与实际消费支出的比值可以用来刻画农村居民生存型消费在实际消费中所占的比重，根据该比值我们可以分析农村居民生存型消费、发展型消费和享受型消费的情况。该比值越大，说明用于生存型消费的比例越大；该比值越小，说明用于发展型和享受型消费的比例越大。从表 2-4 中可以看到，我国农村居民的基本消费支出与实际消费支出之比保持在 0.25 到 0.40 之间，说明农村居民有 25%到 40%的实际消费支出用于生存型消费。可见，农村居民消费支出还是有相当一部分用于生存型消费的。另外，2005 年与 2000 年相比其基

本消费支出与实际消费支出之比略有下降，而 2010 年与 2005 年及 2000 年相比却有上升的趋势，但 2015 年与 2010 年相比却有所下降。出现这种现象的原因是国际金融危机及国内经济形势使农民收入增长的不确定性因素增多，农民为了确保生活的稳定性更多地将消费集中在了生存型消费上。农民的生存型消费所占比重出现上升的趋势，这对于调整其消费结构明显不利。

2.4.6 收入弹性分析

收入弹性是指在某种商品价格等其他因素不变的条件下，农村居民收入每变动 1% 所引起的该商品需求量变动的百分比。收入弹性反映了消费需求相对收入变化做出的反应程度。收入弹性越大，说明收入相对于消费需求的变化越大；收入弹性越小，说明收入相对于消费需求的变化越小，即存在消费刚性。由 ELES 模型可以推导出第 j 种商品的收入弹性。前文的模型设定已经给出了收入弹性的计算公式。

由表 2-5 可以看出，2000 年、2005 年、2010 年我国农村居民的居住、家庭设备及用品、交通通信、文教娱乐、医疗保健及其他消费的收入弹性较大。其中交通通信和文教娱乐在 2010 年的收入弹性远超 1。可见，农村居民的交通通信及文教娱乐消费受收入的影响比较大，这与其高预期支出的性质是密不可分的。到了 2015 年，家庭设备及用品、文教娱乐、医疗保健的收入弹性都出现了大幅下降。食品消费四年的收入弹性都小于 1，说明农村居民的食品消费存在消费刚性。2010 年与 2005 年及 2000 年相比，农村居民的消费需求收入弹性大多有所上升，农村居民消费受收入变动的影响有所增加，但到了 2015 年，农村居民的消费需求收入弹性整体有所减少，农村居民消费受收入变动的影响有所减少。农村居民消费的这种高需求收入弹性意味着收入因素在农村居民消费及其结构变化中起着举足轻重的作用。因此，增加农村居民收入仍然是扩大农村消费和优化消费结构的关键性措施。

表 2-5 我国农村居民各类消费品需求收入弹性

年份	食品	衣着	居住	家庭设备及用品	交通通信	文教娱乐	医疗保健	其他消费
2000	0.66	0.82	1.13	1.28	1.50	1.17	1.21	1.16
2005	0.61	0.92	1.13	1.29	1.24	1.22	1.18	1.13
2010	0.87	1.12	1.25	1.01	1.60	1.64	1.03	1.13
2015	0.75	0.75	1.19	0.77	1.02	0.31	0.62	1.77

注：表中的结果是根据模型设定中的式（2-8）计算所得，其中用到 2000 年、2005 年、2010 年及 2015 年我国农村居民人均纯收入及各类消费品的实际消费量，该数据来源于 2001 年、2006 年、2011 年及 2016 年《中国统计年鉴》；各类消费品的边际消费倾向则来源于表 2-1 中的回归结果

2.4.7 农村居民消费结构变动度分析

消费结构变动度是用来测算平均每年消费支出结构变动程度的指标,反映了消费行为在消费结构上的变动速度。其测算公式如下:

$$结构变动度 = \frac{\sum |C_{jt} - C_{j0}|}{年份数}$$

式中,C_{jt} 和 C_{j0} 分别表示末期和基期第 j 项消费支出占总消费的比重;$\sum |C_{jt} - C_{j0}|$ 表示消费结构在一定时期内的变动值。本小节利用我国农村居民 1996~2015 年消费构成部分来分析我国农村居民在"九五"(1996~2000 年)、"十五"(2001~2005 年)、"十一五"(2006~2010 年)及"十二五"(2011~2015 年)时期消费结构的变动度。表 2-6 为我国农村居民消费支出结构变动度。

表 2-6 我国农村居民消费支出结构变动度

消费	1996~2000 年	2001~2005 年	2006~2010 年	2011~2015 年	1996~2015 年
食品	−15.14%	−13.38%	−15.56%	−7.31%	−51.39%
衣着	−4.44%	−0.34%	0.52%	−0.57%	−4.83%
居住	3.97%	0.25%	19.69%	2.48%	26.39%
家庭设备及用品	−1.26%	−1.14%	2.52%	0	0.12%
医疗保健	3.00%	3.51%	1.75%	0.80%	9.06%
交通通信	5.10%	12.21%	2.90%	2.13%	22.34%
文教娱乐	7.33%	1.66%	−12.04%	2.92%	−0.13%
其他消费	1.43%	−2.77%	0.23%	−0.45%	−1.56%
总体结构变动值	41.67%	35.26%	55.21%	16.66%	115.82%
年均结构变动值	8.33 个百分点	7.05 个百分点	11.04 个百分点	3.33 个百分点	5.79 个百分点

注:表中的结果是根据结构变动度公式计算所得,其中用到 1996~2015 年我国农村居民各项构成部分人均消费,该数据来源于 1997~2016 年《中国统计年鉴》

从表 2-6 中可以看出,1996~2015 年我国农村居民的总体结构变动值为 115.82%,平均每年变动 5.79 个百分点。其中,"九五"时期总体变动值为 41.67%,相对于"八五"期末年均变动 8.33 个百分点,"十五"时期总体变动值为 35.26%,相对于"九五"期末年均变动 7.05 个百分点,"十一五"时期总体变动值为 55.21%,相对于"十五"期末年均变动 11.04 个百分点,"十二五"时期总体变动值为 16.66%,

相对于"十一五"期末年均变动 3.33 个百分点。可见，我国农村居民消费结构变动在"九五""十五""十一五""十二五"期间内呈现由放缓到加快再到放缓的趋势。

利用结构变动度可以通过各项消费支出所占比例的变动来测度其对总体结构变动的贡献度。某项消费支出所占比例越大，变化程度越大，则对总体结构变动的贡献越大，也体现该项消费所占比重越不稳定。表 2-7 为各项消费构成部分对总体结构变动的贡献率。

表 2-7　各项消费构成部分对总体结构变动的贡献率

消费	1996~2000 年	2001~2005 年	2006~2010 年	2011~2015 年	1996~2015 年
食品	36.33%	37.95%	28.18%	43.88%	44.37%
衣着	10.66%	0.96%	0.94%	3.42%	4.17%
居住	9.53%	0.71%	35.66%	14.89%	22.79%
家庭设备及用品	3.02%	3.23%	4.56%	0	0.10%
医疗保健	7.20%	9.95%	3.17%	4.80%	7.82%
交通通信	12.24%	34.63%	5.25%	12.79%	19.29%
文教娱乐	17.59%	4.71%	21.81%	17.53%	0.11%
其他消费	3.43%	7.86%	0.42%	2.70%	1.35%

注：表中结果是根据表 2-6 结果计算所得，其计算公式为各项消费结构变动度的绝对值除以其总体结构变动度

从表 2-7 可以看出，在"九五""十五""十一五""十二五"期间食品消费支出的变化在整个消费结构的变动中起着决定性的作用，其贡献率达到 44.37%，反映出食品消费支出对我国农村居民消费结构变化的影响程度最大。另外，对农村居民消费结构变动度影响较大的还有居住、交通通信等。这也充分说明当前我国农村居民消费结构还是以食品和居住为主的基本生存型消费，而家庭设备及用品、文教娱乐及其他消费等发展型和享受型消费所占比例则很小。因此，我国农村居民消费结构的优化还需进一步着手于家庭设备及用品、文教娱乐等消费构成部分。

2.5　结论和政策启示

本章在分析我国农村居民八大类消费与人均纯收入关系的基础上，比较了"九

五""十五""十一五""十二五"期间农村居民消费结构的变化，并从不同方面分析了产生这些变化的原因。据此，本章得出如下研究结论：①农村居民的整体消费水平得到了明显提高，其消费结构也发生了一定程度的变化，食品消费支出明显下降，居住和交通通信类消费明显上升，成为对农村居民消费结构变动影响较大的消费构成部分。②农村居民消费结构在具体构成分布比例上仍然不合理，从城乡消费结构整体对比来看，农村居民基本生存型消费支出所占比例仍然较大，用于发展型和享受型的消费则相对较少。③农村居民的消费水平和消费结构在很大程度上仍然受到收入水平的严格制约；农村居民的消费需求收入弹性比较大，消费结构受收入变动的影响较为敏感，而其相对保守的消费观念也是影响消费水平和消费结构演化的重要因素。④农村居民消费还存在较大的发展潜力，未来结构优化的重点在于增加家庭设备及用品、文教娱乐及其他消费等消费构成部分的贡献。

上述研究结论表明，我国农村居民消费结构的升级相对缓慢，在一定程度上制约了内需的扩大和经济发展方式的转变。因此，必须采取科学合理的政策措施，努力扩大农村居民消费需求，积极促进农村居民消费结构升级。具体包括：①优化国民收入分配格局，切实不断提高农村居民收入水平。提高居民收入是扩大居民消费和促进居民消费结构升级的关键性举措。扩大农村消费必须着眼于经济发展大局，采取综合措施，着力夯实农民收入基础，尤其是要通过财产性收入的增加，提升其消费能力。各级政府则应继续贯彻中央各项政策，基于共同富裕目标进一步统筹城乡经济发展，促进农民收入增速加快，缩小城乡收入差距。同时，要进一步转变农村经济发展方式，发展具有竞争力的现代农业产业链，进一步挖掘农村生产、生活服务业，切实推动农民收入超常规增长。②完善农村社会保障体系，形成良好的农村居民消费预期。促进农村居民消费结构升级，必须进一步加快农村社会保障体系建设，完善新型农村合作医疗、新型农村养老保险及农村义务教育补贴制度，逐步提高农村居民的社会保障水平，从而促进农村居民形成良好的心理预期。③加快农村基础设施建设，提高农村公共服务水平。目前，我国农村居民消费水平远远落后于城镇居民，特别是农村基础设施落后于城镇基础设施，使农村居民消费水平落后的趋势及消费结构的不合理性呈现出持续的态势。因此，要进一步加强农村消费市场建设、基础设施建设。同时，要继续实施并完善"家电下乡""汽车下乡"等优惠性补贴政策措施，制定支持农民自建住房的政策，通过科学合理的消费性补贴引导农村居民消费结构逐步优化。④调整农村居民消费政策，鼓励发展新的消费热点和消费方式。新的消费热点和消费方式的出现能够进一步扩大农村居民的消费，从而推动消费结构的优化升级。同时，要大力发展农村第三产业及新型的农村文化产业，并充分挖掘广大农村地区的潜力产业，进一步提升农村居民消费水平和质量。⑤大力开展农村居民消费教育，倡导科学、文明、合理的消费观。要根据农村居民消费的特点,针对性地开发适应其需求的产品,并通过消费教育与宣传,使农村居民掌握更多的现代消费知识和技能,进而通过对新型消费品和服务知识的及时了解和高效应用,改变既有消费观念,推进农村居民消费结构不断调整和升级。

第3章 农民收入结构对消费结构的总体影响与区域差异

3.1 引 言

受国际金融危机的严重冲击，过度依赖投资和出口的发展模式已经难以保障我国经济持续稳定增长。扩大内需特别是提高居民消费需求，成为近年来政府应对危机和稳定经济的重要举措。然而现实情况表明，我国仍然面临着整体消费率下滑、城乡与地区消费率差异扩大、政府消费支出占比增加和居民消费支出占比降低的多重困境。从国家层面上看，2000~2010年我国整体消费率远远低于美国，两者的变化态势也显著不同（表3-1）。其中，美国的消费率一直保持在83.4%~86.5%，而我国的消费率则从62.3%持续下跌至47.4%，居民消费率则从46.4%跌至34.2%。从地区层面上看，除个别省区市的居民消费率出现小幅攀升外，2000~2015年近半数省区市的居民消费率下滑超过10个百分点，其中吉林和内蒙古的下滑幅度甚至超过17个百分点，且各地区居民消费率的两极差距也在不断扩大[①]。从最终消费支出构成看，我国居民消费支出占比从1978年的78.6%下降到了2017年的72.7%，而政府消费支出占比却整体呈上升态势（图3-1）。从城乡居民消费层面来看，城镇居民消费占比整体呈上升态势，相反，农村居民消费占比却从62.1%（1978年）下降至21.4%（2017年）（图3-2）。从居民消费结构方面看，2002年以来，居住、交通为主的消费结构升级活动成为消费增长的主导力量，与汽车、住房相关的产品销售额在社会消费品零售总

---

① 数据来源于2001~2016年《中国统计年鉴》。其中，2000年居民消费率最高和最低的省份分别为云南（54.56%）和浙江（32.43%）；2014年居民消费率最高和最低的省区分别为贵州（48.93%）和内蒙古（24.00%）；2015年为贵州（46.40%）和内蒙古（23.27%）。

额中占比超过 50%，而我国汽车消费金融尚处于起步阶段，与居住改善的空间都非常广阔（张立群，2012）。但是，我国作为一个典型的二元经济结构国家，城乡经济发展水平差距明显，城乡居民的生活质量，特别是城乡居民消费水平、消费结构同样存在很大的差异。2015 年，我国城镇与农村居民收入之比高达 2.73∶1。相应地，虽然 2011~2015 年我国城乡居民消费的恩格尔系数呈现逐年下降的趋势，但截至 2015 年两者差距仍然高达 3.3 个百分点。这不仅体现了农村居民消费层次低于城镇居民，而且这一趋势将进一步持续，并不利于农村消费市场的开拓和扩大内需的紧迫任务。而在制约消费的众多因素中，收入是决定因素，不仅影响农村居民的总体生活消费水平，而且直接关系到农村居民消费结构的合理化。在当前或将来很长一段时间内，无论是从人口规模还是收入潜力来看，我国向上提升消费的空间十分广阔，扩大内需的重点在于如何刺激农村消费市场，形成合理的消费市场群体（朱信凯和骆晨，2011）。Auffhammer 和 Wolfram（2014）提出，发展中国家中最主要的能源消费增长来自中国，其利用 logistic 扩散模型（logistic diffusion model）研究发现，收入的增长是刺激中国农村家电消费的主要因素。

表 3-1 中美消费率对比

消费率	2000年	2001年	2002年	2003年	2004年	2005年	2006年	2007年	2008年	2009年	2010年
中国消费率	62.3%	61.4%	59.6%	56.8%	54.4%	52.9%	50.7%	49.5%	48.4%	48.2%	47.4%
美国消费率	83.4%	84.9%	86.3%	86.5%	86.4%	86.3%	86.2%	86.0%	85.8%	84%	84.1%

资料来源：世界银行 WDI（World Development Indicators，世界发展指标）数据库

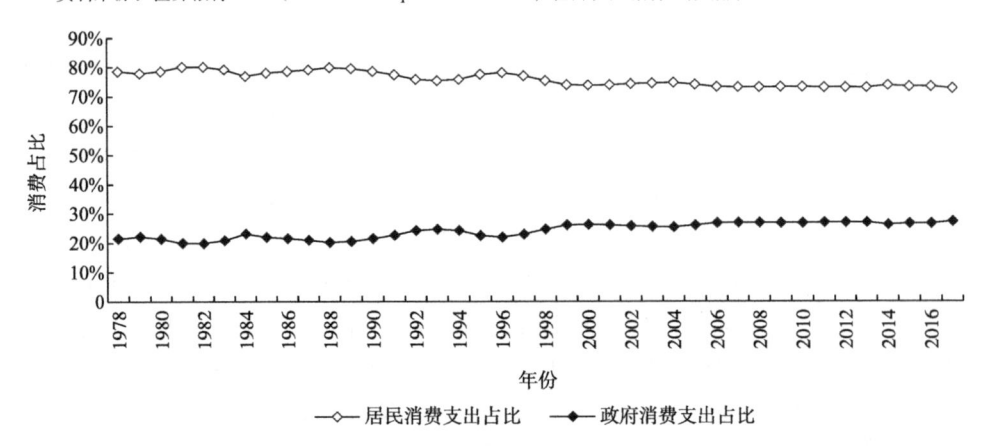

图 3-1 1978~2017 年我国最终消费支出构成

图 3-2 1978～2017 年我国居民消费支出构成

对于居民消费及消费结构问题，国内外学者进行了大量的理论和实证研究。西方经济学家对收入与消费及其结构的关系进行了深入探索，最早可以追溯至 19 世纪末 20 世纪初，Edward 首次提出了家庭消费结构支出分类法。现代消费理论则起源于 Keynes（1936）的绝对收入假说、Duesenberry（1949）的相对收入假说、Modigliani 和 Brumberg（1954）的生命周期假说及 Friedman（1957）的持久收入假说。后来经由 Hall（1978）、Dornbusch 和 Fischer（1993）、Krueger（2006）对上述理论进行扩展，并分别提出了随机游走假说、流动性约束假说、预防性储蓄假说（precautionary saving hypothesis），使理论对实际消费数据的解释能力更强了。Hall（1978）认为消费的变化不具有可预测性，个人收入的预期增长与消费的预期增长无关，即未来收入的不确定性对消费没有影响。然而，Flavin（1981）则认为人们的消费与其未来预期收入有很强的相关性，得出消费与滞后的收入呈现出正相关关系，并将其称之为消费对收入具有"过度敏感性"。Campbell 和 Deaton（1989）从另一个角度对随机游走假说进行了检验，他们认为消费者的消费需求与消费者未来的收入水平是相关的。Zeldes（1989）通过研究随机波动的收入对消费最优化行为的影响肯定了其对消费决策的影响能力。Carroll（2006）提出的"缓冲存储"模型是经典研究之一，并且得出在确定性条件下最优化行为取决于消费者一生的总收入，而在不确定性条件下最优化行为往往随收入曲线同步波动。另外，不少学者对于消费及消费结构问题在其他方面也做了一些研究。比如，Chiappori（1988）首先提出了一个有别于单一决策模型的集体化决策模型，区分了家庭成员的不同偏好，并假设家庭成员通过博弈达到一个帕累托最优的内部资源配置；Mátyás 和 Sevestre（1992）在以往模型研究的基础上又提出了面板数据模型，从而使消费结构的研究进入了一个新的研究阶段；Cherchye 等（2007）建立了一个非参数化的家庭集体消费模型，得出了家庭内部实现帕累托最优资源配置的充分和必要条件，并得出了拒绝家庭集体理性所需要的最小商品和观测值数量；Barnett 和 Brooks（2010）的研

究则表明，政府的财政支出在很大程度上促进了居民的消费及其结构演化。Li 等（2011）运用截面数据对中国甘肃省 2007 年和 2008 年的农村居民消费结构，采用扩展模型进行实证分析，指出食品支出仍然是农民最基本、最重要的消费。

国内学者对居民消费及消费结构问题的研究起步较晚，但 2000 年以来关于农村居民消费的相关研究明显增多，其结论与政策建议也较为丰富。农民收入与农民消费相关研究：范剑平和刘国艳（2001）强调如果实行积极的城乡一体化经济发展政策，拓展农民就业空间，扩大增加收入的途径，提高农民收入，农村消费将能成为拉动我国经济增长的重要力量。李锐和项海容（2004）指出农村居民的消费支出主要取决于持久性收入水平，但暂时性收入对消费支出也有一定程度的影响。李金昌和窦雪霞（2007）基于协整理论和状态空间模型分析了经济转型期中国农民消费与收入关系及其变迁过程和原因。蔡跃洲（2009）在对我国农民收入构成进行分解的基础上，对影响我国农民消费的各种因素进行了量化分析，指出当前对农民消费具有显著影响的因素主要是农民经营性收入、工资性收入及国家财政农村救济费支出。王健宇和徐会奇（2010）通过实证研究证实了在收入值既定的情况下，收入性质的差异会使农民消费表现出显著不同的消费行为特征。农民收入结构与消费结构的相关研究：祁毓（2010）实证研究了不同来源的收入对城乡居民消费的影响，其结果表明，对于农民而言，虽然家庭经营收入的消费效应最大，但与家庭经营收入相比，工资收入增加对消费增长的贡献率更大；转移性收入增加能够更加显著地影响农民的消费，财产性收入对消费增长的影响并不显著。葛晓鳞和郭海昕（2010）以 2000~2006 年我国 31 个省区市（不包含港澳台）农民收入与消费的面板数据为研究对象，回归结果表明工资性收入对农民居住和文教娱乐支出影响显著；家庭经营性收入对农民食品、衣着、交通通信和医疗保健支出作用明显；转移性收入主要影响农民家庭设备用品及服务的消费支出。张秋惠和刘金星（2010）基于 1997~2007 年的面板数据分析，发现农村居民的消费结构和消费水平正处于升级变动之中，但尚未发生根本性的改变；基本收入对农村居民消费需求的拉动作用不明显，而非基本收入对农村居民消费需求却具有较强的拉动作用。林文芳（2011）对我国县域居民消费结构与收入关系进行实证分析，结果表明可支配（纯）收入对居民的各类消费具有显著的影响，而且对八类消费的作用强度不同。胡永刚和郭长林（2013）通过在动态随机一般均衡（dynamic stochastic general equilibrium，DSGE）模型中引入以产出和通货膨胀为反应变量的财政支出规则，分析了财政政策对居民消费的影响。分析结果表明，在引入财政支出规则后，财政政策能够通过居民预期改变其消费行为。方匡南和章紫艺（2013）的研究发现，有社会保障家庭的人均消费要高于无社会保障家庭的人均消费，有社会保障和无社会保障家庭的消费差异主要是由收入、地产财富等差异造成的。杨圣明（2013）认为最优消费率应满足微观上收入、消费和储蓄保持相对稳定，宏观上消费增速应以劳动生产率增速为上限。家庭消费和福利是经济学研究的重要领域，包括经济环境、社会环境、文化制度、家庭特征等在内的众多影响因素（何兴强和史卫，2014）。胡日东等（2014）指出中国城乡居民收入差距扩大会提高城市居民在食品消费上的支出比例，降低城市居民在居住消费上的比例；同时会提高农民在交通通信消费上的支出比例，降低农村居民在家庭设备及用品和其他消费上的支出比例。对上述文献进行梳理可以发现，学者已经对农民收入与农民消费的关系做出了广泛而深入的研究，对农民收入不同构成与农民消费结构之间关系的研究也逐渐增多，但相关文献却更多的只是从整体层面进行分析，少有研究考虑到不同地区农民收入构成的显著差异所导致的消费结构异质性，因此制约农村居民消费扩张的结构性因素尚未有效揭示。鉴于此，本章将在前人研究的基础上，利用 ELES 模型对我国农民收入结构对其消费结构影响的整体效应和区域差异进行深入探索。

3.2 理论逻辑

3.2.1 模型设定

我们针对本章研究内容，重新建立 ELES 模型。

ELES 的基本形式为

$$C_j = P_j Q_j + \beta_j (Y - \sum_{j=1}^{n} P_j Q_j), \quad j = 1, 2, \cdots, n \tag{3-1}$$

式中，P 和 Q 分别表示商品或服务的价格和消费量；C_j 表示对第 j 种商品或劳务的总消费量；$P_j Q_j$ 表示对第 j 种商品的基本消费量；β_j 表示第 j 种商品或劳务的边际消费倾向；Y 表示居民可支配收入。式（3-1）所表示的经济含义是：人们对某种商品或劳务的需求分为基本需求和非基本需求两个部分；在收入和价格水平既定的情况下，人们优先满足的应该是基本需求，然后才会按照某种边际消费倾向将其剩余的收入部分分配到非基本需求的商品和劳务消费上。

由于居民收入由不同来源的收入构成（本章称之为收入结构），因此式（3-1）又可以进一步细化：

$$C_j = P_j Q_j + \beta_j(\alpha_i \sum_{i=1}^{n} Y_i - \sum_{j=1}^{n} P_j Q_j), \quad i,j = 1,2,\cdots n \quad (3\text{-}2)$$

对式（3-2）进行变形有

$$C_j = \alpha_i \beta_j \sum_{i=1}^{n} Y_i + P_j Q_j - \beta_j \sum_{j=1}^{n} P_j Q_j, \quad i,j = 1,2,\cdots,n \quad (3\text{-}3)$$

把式（3-3）化简，即

$$C_j = \alpha_0 + \beta_i \sum_{i=1}^{n} Y_i, \quad i,j = 1,2,\cdots,n \quad (3\text{-}4)$$

式中，

$$\alpha_0 = P_j Q_j - \beta_j \sum_{j=1}^{n} P_j Q_j, \quad j = 1,2,\cdots,n \quad (3\text{-}5)$$

$$\beta_i = \alpha_i \beta_j$$

将式（3-4）转化为计量经济模型，即

$$C_j = \alpha_0 + \beta_i \sum_{i=1}^{n} Y_i + \mu_j, \quad i,j = 1,2,\cdots,n \quad (3\text{-}6)$$

因此，式（3-6）是我们最终对消费和收入的数据做模型进行估计时所参考的模型。另外，对式（3-5）两边进行求和整理可得

$$\sum_{j=1}^{n} P_j Q_j = \frac{\sum_{j=1}^{n} \alpha_j}{1 - \sum_{j=1}^{n} \beta_j}, \quad j = 1,2,\cdots,n \quad (3\text{-}7)$$

然后将式（3-7）代入式（3-5），便可以求出每部分消费的基本消费支出，即

$$P_j Q_j = \left| \alpha_j + \beta_j \frac{\sum_{j=1}^{n} \alpha_j}{1 - \sum_{j=1}^{n} \beta_j} \right|, \quad j = 1,2,\cdots,n \quad (3\text{-}8)$$

在假设价格不变的条件下，我们可以得出第 j 种商品或服务的收入弹性 ε_j：

$$\varepsilon_j = \beta_j \frac{\sum_{i=1}^{n} Y_i}{C_j}, \quad i,j = 1,2,\cdots,n \quad (3\text{-}9)$$

本章拟采用面板数据分析不同收入来源对各消费支出的影响，因此根据式（3-6）我们可以构建如下计量经济学模型：

$$C_{jit} = \beta_0 + \beta_1 Y_{1it} + \beta_2 Y_{2it} + \beta_3 Y_{3it} + \beta_4 Y_{4it} + \mu_i + \varepsilon_{it} \quad (3\text{-}10)$$

式中，C_{jit} 表示 i 省第 t 年的农村居民 j 项人均消费（$j=1$，人均总消费支出；$j=2$，人均食品支出；$j=3$，人均衣着支出；$j=4$，人均居住支出；$j=5$，人均家庭设备及用品支出；$j=6$，人均交通通信支出；$j=7$，人均文教娱乐支出；$j=8$，人均医疗保健支出；$j=9$，人均其他消费支出）；Y_{1it} 表示 i 省第 t 年的农村居民人均工资性收入；Y_{2it} 表示 i 省第 t 年的农村居民人均家庭经营性收入；Y_{3it} 表示 i 省第 t 年的农村居民人均财产性收入；Y_{4it} 表示 i 省第 t 年的农村居民人均转移性收入；μ_i 表示不同省份的个体因素，在固定效应中，μ_i 是常数，而在随机效应中，μ_i 服从正态分布 $N(0,\sigma_\mu^2)$；ε_{it} 表示没有被观测到的因素；$\beta_i(i=0,1,2,3,4)$ 表示待估参数。

3.2.2 研究方法

对于式（3-10），本章采用面板数据模型分析方法，面板数据模型包含了个体、指标和时间三个方面的信息，在进行面板数据分析时，如果模型形式设定不正确，估计结果将与所要模拟的经济现实偏离甚远，因此首先应选择合适的模型。为此我们构造 F 统计量（在 EViews 软件中称作冗余固定效应检验）：

$$F = \frac{(S_1 - S_2)/(N-1)}{S_2/(NT-N-K)} \sim F(N-1, NT-N-K) \quad (3\text{-}11)$$

式中，S_1 和 S_2 分别表示混合模型和固定效应模型的残差平方和；N 表示截面个体；K 表示解释变量个数；T 表示时期数。如果 F 统计量大于临界值，则应选择固定效应模型，反之则应选择混合模型。固定效应模型又进一步可分为个体固定效应模型和个体随机效应模型，为此我们进行 Hausman 检验，其统计量为

$$H = \frac{(\hat{\beta} - \tilde{\beta})^2}{s_{\hat{\beta}}^2 - s_{\tilde{\beta}}^2} \sim \chi^2(k) \quad (3\text{-}12)$$

式中，$\hat{\beta}$、$s_{\hat{\beta}}$ 分别表示个体固定效应模型的估计系数和标准差；$\tilde{\beta}$、$s_{\tilde{\beta}}$ 分别表示个体随机效应模型估计的系数和标准差；k 表示解释变量数。若 H 统计量大于临界值则应选择个体固定效应模型，反之，则应选择个体随机效应模型。考虑到可能存在截面间异方差性和截面间的相关性造成估计结果偏差，对个体固定效应模型和个体随机效应模型分别采用广义最小二乘法（generalized least squares，GLS）与可行的广义最小二乘法（feasible generalized least squares，FGLS）进行估计。

运用 EViews 软件对面板数据进行估计，通常是通过含有 pool 对象和面板结构的工作文件来实现的，但 pool 对象一般用于截面成员较少而时期较长的"窄而长"、侧重时间序列分析的数据，而面板结构文件一般用于截面成员较多而时期较

短的"宽而短"、侧重截面分析的数据。本章选取全国 31 个省区市（不包含港澳台）的数据，其数据均来自 2012~2016 年《中国统计年鉴》，利用 EViews 6.0 软件估计时运用面板结构的工作文件来实现是较为合适的。

本章基于 2011~2015 年我国 31 个省区市农民收入与消费的面板数据[①]，实证分析工资性收入、家庭经营性收入、财产性收入及转移性收入对农民总消费水平和农民分项消费水平（包括农村居民食品、衣着、居住、家庭设备及用品、交通通信、文教娱乐、医疗保健及其他消费八大类生活消费）的影响。

3.3 计量分析

3.3.1 农民收入结构与消费结构的整体效应分析

表 3-2 中的模型选择检验结果显示，我国农民各项消费模型都在 1% 的水平下显著拒绝混合模型，因此均选择固定效应模型；衣着支出、交通通信支出和文教娱乐支出的 Hausman 检验在 5% 的显著性水平都能拒绝个体固定效应模型和个体随机效应模型参数估计结果不同的原假设，即本章中这三项消费的模型都采用个体固定效应模型进行估计效果更好，其余的用个体随机效应模型进行估计效果更好。为了消除截面异方差的影响，本章对计量方程进行广义最小二乘法估计。F 值在 1% 的显著性水平下通过检验，表明模型中各变量之间的线性关系显著，模型整体拟合优良。

由表 3-2 估计结果可以看出，农民各项收入对其总消费支出影响均显著，回归系数从大到小依次为工资性收入、转移性收入、家庭经营性收入、财产性收入。工资性收入与转移性收入之和在总收入中的比例基本维持在 50% 以上，是农民收入的主要来源。并且工资性收入各分项消费的模型中系数回归均显著（食品支出除外），转移性收入在各分项消费的模型中系数回归均显著（家庭设备及用品支出除外），表明工资性收入和转移性收入的消费效应较大，其中工资性收入影响系数最大的是家庭设备及用品支出，转移性收入影响系数最大的是文教娱乐支出。财产性收入增加对消费增长的贡献率较小，并且财产性收入对家庭设备及用品支

---

① 本章主要目的在于研究农民收入结构对其消费结构影响的总体趋势及不同区域的差异对比，而选取相应的省际面板数据能够充分代表农民收入、消费变量的整体平均水平，符合既定研究目的的要求。

等耐用品消费影响不显著,可能的原因是农民财产性收入来源过于单一,且数额较小。

表3-2 农民各项消费对各项收入来源的回归估计结果(2011~2015年)

收入	总消费支出	衣着支出	家庭设备及用品支出	其他消费支出	食品支出	居住支出	交通通信支出	文教娱乐支出	医疗保健支出
工资性收入	0.281*** 20.451	0.107*** 5.923	0.434*** 35.293	0.343*** 10.729	0.080 1.370	0.447*** 18.003	0.265*** 8.946	0.330*** 8.866	0.273*** 10.534
家庭经营性收入	0.095*** 5.261	0.217*** 8.895	0.051*** 9.437	0.111*** 2.958	0.228*** 3.709	0.233*** 7.771	0.285*** 10.061	0.342*** 10.188	0.208*** 7.622
财产性收入	0.088** 7.859	0.251*** 18.164	0.010 0.247	0.208*** 8.771	0.264*** 5.763	−0.060*** −3.050	0.201*** 9.402	0.101*** 3.944	0.116*** 5.920
转移性收入	0.263*** 25.199	0.239*** 17.106	−0.003 −0.195	0.075*** 3.666	0.256*** 5.305	0.328** 24.097	0.310*** 16.707	0.463*** 27.233	0.299*** 17.053
$\overline{R^2}$	0.947	0.932	0.959	0.836	0.530	0.927	0.902	0.927	0.918
F值	692.97	525.64	895.14	197.19	44.36	492.41	354.89	487.77	430.89
冗余固定效应F检验	12.38***	86.69***	23.22***	17.99***	45.19***	10.01***	23.58***	23.56***	48.61***
Hausman检验	4.57	11.75**	2.89	7.36	6.82	5.91	37.41***	7.91**	6.68
回归模型选取	随机	固定	随机	随机	随机	随机	固定	固定	随机

、*分别表示5%和1%的显著性水平

在农民食品、衣着、居住、交通通信各基本需求消费结构模型中,除工资性收入对食品支出影响不显著、财产性收入和转移性收入对家庭设备及用品支出影响不显著外,各项收入的回归系数均显著,但转移性收入和财产性收入在衣着和食品上的边际消费倾向明显大于工资性收入,家庭经营性收入、工资性收入在居住上的边际消费倾向明显大于财产性收入,说明农民的非基本收入来源对衣着、食品的基本消费拉动性更强,但在对居住的消费性拉动方面,基本收入所起的作用更大,间接反映出当前农民生活改善的重心为衣着、食品等基本生活需求领域。在各非基本需求消费结构模型中,家庭设备及用品消费模型的转移性收入和财产性收入影响不显著;食品消费模型中的工资性收入的回归系数不显著。以上结果符合心理学中"心理账户"(mental account)理论[1]的解释,因为通常在收入位于某一水平之下的情况下,人们会把辛苦挣来的钱存起来不舍得花,但是如果有一笔"意外之财",则可能很快就花掉。从农民收入结构来看,其转移性收入和财产性收入具有暂时性、非传统收入的特征,虽然在收入构成中只占较小的比例,但在农民消费支出过程中却表现出相对宽松的状态,从而对生活消费的拉动效应较

---

[1] 心理学中的"心理账户"理论认为,人们会根据财富来源的不同将收入与支出划分成不同性质的、收入与支出相互对应的多个心理分账户,每个分账户有单独的预算和支配规则,金钱并不能容易地从一个账户转移到另一个账户(Thaler,1985),因此,不同来源的收入具有不同的消费结构和资金支配方向(李爱梅等,2007)。

为明显。因此,转移性收入和财产性收入增长在推动农民由衣着、食品、居住为主的传统消费结构向更高层次结构升级过程中,将起到极为关键的作用。

3.3.2 农民收入结构与消费结构的区域差异分析

由于我国各地区发展存在差异,我们有必要分析不同地区农民消费支出的结构性差异。另外,由于不同地区农民的收入结构呈现出较大差异,其对消费支出的影响也不尽相同。本章进一步将整体样本划分为东、中、西部地区进行研究,其回归结果如表3-3所示。表3-3模型选择检验结果显示,除个别消费模型在5%和1%的水平下显著选择个体固定效应模型,多数消费模型选择个体随机效应。调整$\overline{R}^2$值,满足面板数据的估计精度要求,F值在1%的显著性水平下通过检验,表明模型中各变量之间的线性关系显著,模型整体拟合优良。

表3-3 分地区农民各项收入对各项消费影响回归结果比较

收入	总消费支出			衣着支出			家庭设备及用品支出		
	东部	中部	西部	东部	中部	西部	东部	中部	西部
工资性收入	0.69***(11.56)	0.18***(3.91)	0.35(6.88)	0.58***(8.44)	0.03(0.29)	−0.04(−0.71)	0.42***(6.05)	0.08***(12.08)	0.51***(19.91)
家庭经营性收入	0.10***(2.73)	0.32***(9.05)	0.03(1.19)	0.31***(10.21)	0.42***(4.36)	0.15*(1.87)	0.39***(5.75)	0.04***(3.49)	0.06**(2.22)
财产性收入	−0.13**(−3.19)	−0.01(−0.41)	0.19***(5.47)	0.18***(4.76)	0.11*(1.81)	0.32***(7.64)	−0.22**(−6.08)	0.01(0.22)	0.13***(5.43)
转移性收入	0.19***(8.96)	0.25***(14.81)	0.24***(7.98)	0.06(1.66)	0.21***(5.26)	0.31***(9.03)	0.23***(9.65)	−0.01(−0.28)	0.27***(20.58)
$\overline{R}^2$	0.953	0.941	0.878	0.901	0.841	0.872	0.908	0.901	0.977
F 值	271.74	395.70	98.39	124.05	59.37	93.21	109.59	140.69	577.36
Hausman 检验	5.70	37.38**	1.20	3.86	13.50**	3.24	3.81	17.78**	4.15
模型选择	随机	固定	随机	随机	固定	随机	随机	固定	随机
收入	其他消费支出			食品支出			居住支出		
	东部	中部	西部	东部	中部	西部	东部	中部	西部
工资性收入	0.35***(3.80)	−0.08(−0.64)	0.33***(3.97)	0.38***(6.77)	0.23***(5.52)	0.24***(8.47)	0.96***(13.69)	0.36***(7.05)	0.34***(3.73)
家庭经营性收入	0.08(1.40)	0.24**(2.33)	0.03(0.30)	0.03(0.85)	0.22***(4.38)	0.10***(3.01)	0.16***(3.67)	0.40***(6.98)	0.09(1.41)
财产性收入	0.16**(2.92)	−0.04(−0.49)	0.17**(2.99)	−0.02(−0.48)	0.03(1.16)	0.08***(2.76)	−0.31***(−6.46)	−0.10***(−2.85)	0.04(0.71)

续表

收入	其他消费支出			食品支出			居住支出		
	东部	中部	西部	东部	中部	西部	东部	中部	西部
转移性收入	0.11** (2.59)	0.15*** (3.16)	0.06 (1.27)	0.19*** (5.12)	0.12*** (7.50)	0.17*** (7.72)	0.25*** (7.75)	0.32*** (15.95)	0.31*** (7.29)
$\overline{R^2}$	0.767	0.415	0.439	0.858	0.889	0.869	0.942	0.937	0.729
F值	45.46	79.87	11.59	82.57	89.97	90.91	218.29	165.96	37.45
Hausman检验	4.57	7.35	1.81	1.77	6.76	2.98	7.29	14.41**	0.51
模型选择	随机	随机	随机	随机	随机	随机	随机	固定	随机

收入	交通通信支出			文教娱乐支出			医疗保健支出		
	东部	中部	西部	东部	中部	西部	东部	中部	西部
工资性收入	0.77 (17.38)	0.14 (1.52)	0.08 (1.26)	0.27*** (3.31)	0.06 (0.54)	0.62*** (4.55)	0.66*** (6.78)	0.23*** (3.12)	0.51*** (4.64)
家庭经营性收入	0.41*** (12.42)	0.41*** (4.13)	0.22** (3.15)	0.46*** (9.91)	0.26** (2.59)	0.05 (0.64)	0.04 (0.82)	0.70*** (9.59)	0.02 (0.22)
财产性收入	0.05 (1.38)	0.13** (2.19)	0.15** (3.59)	0.13** (2.62)	0.06 (1.11)	0.06 (0.85)	−0.14** (−2.47)	0.07* (1.38)	0.39*** (6.55)
转移性收入	0.22*** (6.46)	0.30*** (9.49)	0.34*** (8.83)	0.44*** (11.12)	0.56*** (14.13)	0.54 (8.59)	0.28*** (5.75)	0.19*** (8.19)	0.26*** (4.67)
$\overline{R^2}$	0.953	0.869	0.815	0.925	0.924	0.768	0.836	0.916	0.762
F值	275.28	74.29	60.39	167.00	135.50	45.69	69.66	121.26	44.29
Hausman检验	3.11	74.95**	8.63*	12.09**	14.12**	3.26	0.34	13.89**	1.09
模型选择	随机	固定	固定	固定	固定	随机	随机	固定	随机

*、**、***分别表示10%、5%和1%的显著性水平

首先,分析各项收入对东、中、西部不同地区农民总消费支出的影响(表3-3)。截至2015年底,全国农民工资性收入平均为总收入的41%,东部发达地区工资性收入占总收入的比例更是达到51.5%,远远超过全国41%的平均水平。从表3-3中可以明显看出,东部地区农民工资性收入、转移性收入、家庭经营性收入、财产性收入对总消费支出的回归系数依次降低。中部地区农民家庭经营性收入、转移性收入、工资性收入的回归系数依次降低,财产性收入对总消费支出的影响不显著。西部地区农民工资性收入、转移性收入、财产性收入的回归系数依次降低,家庭经营性收入对总消费支出的影响不显著。相对于东部地区,中、西部地区的非传统收入来源(财产性收入、转移性收入)对消费的带动效应更明显,说明我国中、西部地区的农民表现出明显的"心理账户"现象。因此,各地区经济发展差异导致农民收入结构显著不同,提高农民消费应优先考虑优化农民收入结构。

其次,我们进一步分析不同地区农民各项收入对不同消费支出的影响(表3-3)。

对东部地区而言，除了工资性收入在交通通信支出消费模型中回归系数不显著和家庭经营性收入在其他消费、食品、医疗保健消费模型中回归系数不显著外，家庭经营性收入和工资性收入与其他生活消费支出都显著相关，且在这些系数回归显著的消费模型中工资性收入边际消费支出倾向多数大于家庭经营性收入，即对消费增长的贡献率更大。财产性收入与除食品和交通通信支出外的其他基本生活消费支出显著相关，说明富裕发达地区的农民生活消费越来越倚重于工资性收入和财产性收入；转移性收入在农民的支配去向中对所有的消费模型支出影响都显著（衣着支出除外）。

对中部地区而言，农民工资性收入占总收入的比例为33.2%（2015年），远远低于国家41%的平均水平，其工资性收入和医疗保健、食品、家庭设备及用品、居住支出显著相关，而家庭经营性收入与这八大类消费支出都相关。中部地区农民把更多的家庭经营性收入支配于居住、衣着、交通通信和医疗保健等的消费需求上，这是典型的"心理账户"特征。农民的财产性收入只对家庭设备及用品、其他消费、食品和文教娱乐不具有显著影响，这也体现了农民的"心理账户"特征。转移性收入在除了家庭设备及用品消费模型外的其他各项消费模型中回归系数都显著。

对西部地区而言，除了家庭设备及用品支出、食品支出消费模型中各项收入回归系数显著外，在其他各项消费中农民"心理账户"现象愈加明显，家庭经营性收入的支配去向主要是衣着、食品、交通通信等基本消费需求，工资性收入的支配去向主要是除衣着和交通通信以外的其他六项消费需求，财产性收入的支配去向主要是衣着与医疗保健支出，转移性收入仅对其他消费和文教娱乐支出影响不显著，说明我国西部地区农民各项收入除满足于基本生活需求外，对各项非基本生活需求的需要也在上升；除工资性收入外，其余各项收入与文教娱乐支出的回归系数均不显著，这说明我国西部地区教育消费、享受型消费发展仍相对滞后。总体而言，虽然西部地区农民的消费水平有所改善，但西部地区农民消费水平依旧较低，结构也不太合理，所以提高农民收入水平、优化消费结构对于启动西部消费市场至关重要。

3.4 结论和政策启示

本章基于2011~2015年我国31个省区市农村居民收入与消费的面板数据，

实证分析了收入结构对农民总消费水平和农民分项消费（包括食品、衣着、居住、家庭设备及用品、交通通信、文教娱乐、医疗保健及其他消费八大类生活消费）的影响。研究发现，从总体上看，农民各项收入对各项消费作用强度存在显著差异，农民家庭经营性收入和工资性收入是其分项消费支出的主要影响因素，其次是财产性收入，财产性收入在各模型中的边际消费支出倾向大于工资性收入，而转移性收入主要影响的是农民的衣食住行基本生活需求。东、中、西部分地区对比结果显示，不同地区不同收入来源和各分项消费的关系及影响力度存在显著差异，中、西部地区与东部地区相比，农民的"心理账户"现象更加明显；东部地区农民工资性收入对农民各项消费支出均有显著的推动作用（交通通信除外），家庭经营性收入对农民各项消费支出均有显著的推动作用（食品、医疗保健、其他消费除外），且工资性收入对消费增长的贡献更大，消费结构相对较为合理；中部地区的农民家庭经营性收入主要用于居住、衣着、交通通信和医疗保健等的消费需求上，财产性收入主要用于家庭设备及用品、其他消费、食品和文教娱乐之外的消费支出，这严重约束了这两项收入在其他消费项上的购买力。截至2015年底，西部农民人均收入9093.4元，低于全国平均水平11421.7元。实证结果清楚显示西部地区农民的各项收入仍主要维持在衣着、食品、居住、交通通信的基本消费需求和医疗保障支出，这表明西部地区农民收入水平和消费水平处于一个较低水平。因此，东、中、西部三个地区农民的收入结构和消费结构的合理性依次逐渐降低，均有待进一步优化和升级，尤其是中、西部地区亟待改善。

上述研究结论表明，我国农民收入结构和消费结构之间存在一定的不合理性，制约了内需的扩大和经济发展方式的转变。提高农民收入和消费不再仅是总量的问题，更重要的是收入结构与消费结构的优化问题。因此，必须采取科学合理的政策措施，在不断提高农民收入的同时，更要重视优化农民收入结构，努力扩大农村居民消费需求，通过科学合理的消费性补贴引导农村居民消费结构逐步优化，积极促进农村居民消费结构优化与升级。具体包括：①对全国农民来说，实现收入持续、稳定增长与结构优化，首要任务仍是加快农业结构调整，增加务农、务工收入，即保障与稳定家庭经营性收入和工资性收入总额的增长；同时应逐渐增加财产性收入和转移性收入在总收入中的比例，丰富收入来源渠道，使收入来源更趋多元化。对于财产性收入的快速增长，目前来说最有效的措施就是确定农民的"三权"[①]。农民消费结构的优化要根据农民消费的特点，针对性地开发适应其需求的产品，推进农村居民消费结构不断调整和升级。但是由于不同地区经济发展水平的不同及文化差异，优化农民收入结构、促进消费结构优化升级的侧重点应做到因时因地而异。切勿全国上下实行"一刀切"的政策。②东部地区农民工

---

① 农民的财产权包括农民的土地经营承包权、宅基地使用权、集体收益分配权，即农民的"三权"。

资性收入对农民消费支出影响越来越重要，所以东部地区应首先利用沿海发达的经济圈，切实解决好农民在城市中的就业问题，保障农民拥有一份稳定工作，稳定农民工资性收入，促进东部地区率先完成城乡一体化，使东部地区农民实现由农村居民到城市居民的身份转化；对于东部农村地区消费结构来说，生活消费的商品化程度和质量较高，所以对此应重点培育文教娱乐、医疗保健等高层次消费热点，扩展消费内涵，提升消费层次，优化消费结构。③中部地区长期政策应着力提高家庭经营性收入和财产性收入，释放这两项收入在其他消费项的购买力。短期来看，提高对中部地区的二次收入分配倾斜力度是拉动中部地区农民消费的重要措施。这对于中部多数农业大省来说，即利用其自然优势，明确农民土地使用权益，推行土地规模化经营，加快农业现代化步伐，尽早实现农业产业化，改变农业行业收入劣势。此外，促进中部农村居民消费结构升级，首要任务就是降低居住、文教娱乐、医疗保健消费支出成本，必须进一步加快农村社会保障体系建设，完善新型农村合作医疗、新型农村社会养老保险、农村义务教育补贴制度及高等教育对农村优秀学生的补助力度，逐步提高农村居民的社会保障水平，从而促进农村居民形成良好的心理预期。④西部地区应注重同时优先奠定增收的基础和提高消费水平的基础，有效改善生产和消费基础设施条件，同时扩大农民收入来源和生活消费市场的产品供给。因此对国家级贫困县及经济水平相对落后的县市，应尽快取消或大幅度降低地方配套比例；亦可灵活采用以劳抵资，或实物支持、自行建设等方式，或集中部分专项财政资金的增量，"每年解决一件大事"，群策群力地推进这些地区生产和生活基础设施建设的跨越式发展；以投资建设带动农民收入，以投资需求带动消费需求。

第4章 习惯形成和收入结构失衡与农村居民消费行为演化

4.1 引　　言

一般认为,一国经济的持续增长需要依靠消费、投资和出口协同拉动,而目前我国经济正面临消费乏力、投资过热、外需严重不足和经济结构失调等问题。在转变经济发展方式、实现经济内生增长的过程中,扩大内需(尤其是居民消费需求)是必不可少的。中国经济已在30多年中保持高速的增长势头,居民消费占GDP的比重却不断走低,由1978年的48.79%下降到了2014年的37.92%;农村居民消费占居民总消费的比例由1978年的62.1%下降到了2014年的22.5%,其中农村消费困境的形成在一定程度上是农村居民消费能力匮乏使然。2004~2020年,中央一号文件连续17年锁定"三农",坚持工业反哺农业、城市支持农村的强农惠农政策和"多予、少取、放活"的总方针,使农业、农村发展取得了长足进步,农民收入也得到了持续、快速和稳定的增长。但由于长期以来"城乡二元结构"的偏向发展战略,使当前"三农"问题始终未能更好地解决,农村居民消费始终处于"启而不动"的状态。

回顾国外研究状况,不少学者从居民消费习惯和收入水平角度出发,深入分析了居民消费行为。习惯形成是一种特殊的效用理论,它充分考虑了人们的"心理存量",认为现期消费产生的效用不仅取决于现期消费水平,而且在不同程度上取决于过去的习惯存量。Duesenberry(1949)是最早将习惯因素纳入消费者行为研究中的学者,他指出消费者的消费支出不仅受到当期收入的影响,还受到自己曾经实现了的消费水平的影响,即消费存在棘轮效应。之后大量经济学家从理论与实证方面对习惯形成与消费展开了研究(Deaton, 1992; Seckin, 1999; Guariglia and Rossi, 2002; Lally et al., 2010; Lally and Gardner, 2013; Kueng and Yakovlev, 2014), 都认为居民消费行为存在明显的习惯形成, 普遍受到过去消费经验和当期消费水平的影响 (Naik and Moore, 1996)。Deaton (1992) 和 Seckin (1999) 认为居民内部习惯形成类似于谨慎行为, 所以内部习惯形成的影响越大, 消费者就越谨慎, 储蓄意识就会越强烈, 这样就会导致更多的储蓄, 进而减少当前消费。Naik 和 Moore (1996) 利用美国居民食物消费的动态面板数据研究了习惯形成对居民消费水平的影响, 在控制了个体的异质性后发现, 居民存在消费习惯形成。Dynan (2000) 利用滞后一期消费衡量习惯形成, 在利用对数线性欧拉方程估计后发现, 习惯形成对当期消费具有重要的影响。Alessie 和 Lusardi (1997) 及 Guariglia 和 Rossi (2002) 分别在常数绝对风险厌恶 (constant absolute risk aversion, CARA) 效用函数和非期望效用模型假设下推导出了居民消费的封闭解, 研究发现, 居民的现期消费水平变化主要取决于持久性收入、劳动收入风险和以前的消费水平。Angelini (2009) 同样引入了风险厌恶效用函数对居民消费进行了研究, 他认为习惯形成的影响越大, 消费者就会变得越谨慎, 劳动收入风险对消费的影响也就越小。

国内学者对习惯形成的理论和应用研究尚处于起步阶段, 并且大多研究用于城镇居民消费的分析 (龙志和等, 2002; 杭斌, 2010; 贾男和张亮亮, 2011; 杭斌和闫新华, 2013; 崔海燕和杭斌, 2014)。龙志和等 (2002) 指出城镇居民的消费习惯对食品消费具有显著作用, 且家庭财产对居民食品消费习惯的形成作用不大。杭斌 (2010) 的实证分析结果显示, 中国城镇居民的习惯形成参数是随着时间变化而不断改变的, 1989 年之前的习惯形成参数估计值有正有负, 且接近于 0, 随后呈明显增大趋势。崔海燕和杭斌 (2014) 对不同收入等级城镇住户调查数据的研究表明, 低收入等级和中等收入等级的城镇居民消费行为具有显著的习惯形成, 但低收入等级城镇居民的消费习惯较强, 中等收入等级城镇居民的消费习惯较弱; 高收入等级城镇居民的消费行为表现出耐久性。针对农村居民习惯形成的研究较少 (雷钦礼, 2009; 杭斌, 2009; 贾男等, 2012; 崔海燕和范纪珍, 2011), 且基本上都一致认为农村居民消费表现出了显著的习惯形成。针对农民收入结构与消费之间的研究也并不多见 (张秋惠和刘金星, 2012; 温涛等, 2013; 彭小辉等, 2013; 王小华和温涛, 2015), 张秋惠和刘金星 (2010) 指出基本收入 (家庭经营性收入与工资性收入) 对农村居民消费需求的拉动作用不明显, 而非基本收入 (转移性收入与财产性收入) 对农村居民消费需求却具有较强的拉动作用。彭小辉等 (2013) 的研究发现, 农户各种不同来源收入的消费倾向之间存在明显差异, 农户各种不同来源收入的消费倾向从高到低依次为转移性收入、财产性收入、家庭农业经营性收入、非农收入。王小华和温涛 (2015) 采用非线性最小二乘法对中国城乡居民消费行为及其演化规律进行了跨时期分析, 结果发现城乡居民收入与消费之间表现为明显的非线性关系,并没有完全遵循边际消费倾向递减规律,农民边际消费仅随工资性收入和家庭经营性收入的增加而递增。

通过对文献梳理可以发现,国内外学者对居民消费行为受习惯形成的影响多有研究,对农村居民习惯形成与消费和农民收入结构与农民消费之间的研究也在不断增加。但就笔者所知,迄今为止,国内少有人将农村居民习惯形成和收入结构同时纳入模型对农村居民消费行为做实证研究,更少有学者将农民消费行为进行阶段性划分,因此制约农村居民消费扩张的诸多因素尚未得到深入、有效和全面的揭示。鉴于此,本章将在前人研究的理论与实证基础之上,利用1993~2013年中国31个省区市(不包含港澳台)的住户调查数据,并主要进行阶段性划分(包括1993~2003年和2004~2013年两个阶段),在构建省级动态面板数据理论模型的基础上,运用GMM对其进行实证分析,对农村居民习惯形成、收入结构失衡与农民消费行为之间的时空差异进行深入探索。本章剩余部分的安排如下:4.2节是对理论逻辑与实证设计的说明;4.3节是计量结果与分析;4.4节是对本章实证结果的进一步讨论;4.5节是研究结论与一些政策启示。

4.2 理论逻辑与实证设计

4.2.1 基本理论与模型设定

目前,国外学者提出了多个分析消费习惯的理论模型(Heien and Durham,1991;Naik and Moore,1996;Chapman,1998;Dynan,2000;Lally et al.,2010),从理解模型内容和处理数据的难易程度考虑,我们以Naik和Moore(1996)提出的具有习惯偏好的生命周期-持久收入消费模型作为本章实证分析的理论基础。于是有

$$h_{it} = \beta_0 + \beta_1 c_{it-1} \tag{4-1}$$

式中,h_{it}表示个体i在第t时期的习惯水平;c_{it-1}表示个体i在第$t-1$时期的消费水平,说明过去消费形成的习惯只受滞后一期消费的影响。但是,与传统的效用函数不同,习惯形成下的效用函数在时间上是不可分的,形式如下:

$$u_{it} = u(c_{it}, h_{it}) \tag{4-2}$$

式中,u_{it}表示个体i在第t时期的效用;c_{it}表示个体i在第t时期的消费水平。对

于消费者而言，只有当前消费水平（c_{it}）超过了习惯水平（h_{it}）的时候，才会产生效用。于是我们可以进一步得到消费者的效用函数：

$$u_{it} = u(c_{it}, h_{it}) = \frac{(c_{it} - h_{it})^{\alpha_i}}{\alpha_i} \quad (4\text{-}3)$$

式中，α_i（$0 < \alpha_i < 1$）表示与个人风险厌恶程度相关的参数。又由于消费者在现期收入与未来收入的贴现值及现期资产之和的约束条件下追求一生效用最大化，进一步假定消费者面临的最大化问题和受到的一生预算约束分别如下：

$$\max E_{it} \sum_{n=0}^{\infty} \frac{1}{(1+\gamma)^n} u(\overline{c}_{it+n}) \quad \sum_{n=0}^{\infty} \frac{1}{(1+r)^n} E_{it}(c_{t+n}) = A_{it} + \sum_{n=0}^{\infty} \frac{1}{(1+r)^n} E_{it} Y_{it+n} = W_{it}$$
$$(4\text{-}4)$$

式中，E_{it} 表示期望值；γ 表示时间偏好率；r 表示真实利率；$\overline{c}_{it}$ 表示相对消费水平；A_{it} 表示个体 i 在第 t 时期初的资产水平；Y_{it+n} 表示个体 i 在第 $t+n$ 时期的收入水平；W_{it} 表示个体 i 在第 t 时期初的期望财富水平，即 A_{it} 与未来期望收入之和。

又因为 Constantinides（1990）已经在给定消费投资策略和管制条件下，证明了存在唯一的最优消费就是习惯水平和财富水平预期值的函数，于是就有

$$c_{it} = h_{it} + \pi_i \left[W_{it} - \frac{h_{it}}{r} \right] \quad (4\text{-}5)$$

式中，π_i 表示无风险资产回报率，为常数。于是，我们把式（4-1）代入式（4-5），并进行简化，可得

$$c_{it} = \alpha_0 + \alpha_1 c_{it-1} + \alpha_2 W_{it} \quad (4\text{-}6)$$

由于农民的财富水平预期值（W_{it}）难以获得，为了便于本章的进一步分析，我们沿用崔海燕和范纪珍（2011）的做法，同样用持久性收入（y_{pit}）来代替财富水平的预期值，又因为持久性收入是计划期内预期总收入的平均数（杭斌，2009），于是可得

$$y_{pit} = \frac{1}{T+1} \left[E_t \sum_{n=1}^{T} y_{it+n} \right] \quad (4\text{-}7)$$

如果农民的预期收入平均增长率为 ρ，是一个常数项，而 y_{it} 表示农民 i 在第 t 时期的实际收入，那么农民 i 在第 $t+n$ 时期的预期收入就可以表示为

$$E_t(y_{it+n}) = (1+\rho)^n y_{it}, \quad n = 1, 2, \cdots, T \quad (4\text{-}8)$$

然后我们把式（4-8）代入式（4-7）中，可以得到农民的持久性收入：

$$y_{pit} = \left(\frac{1 - (1+\rho)^{T+1}}{-(T+1)\rho} \right) y_{it} \quad (4\text{-}9)$$

把式（4-9）代入式（4-6）中，可得

第4章 习惯形成和收入结构失衡与农村居民消费行为演化

$$c_{it} = \alpha_0 + \alpha_1 c_{it-1} + \alpha_2 \left(\frac{1-(1+\rho)^{T+1}}{-(T+1)\rho} \right) y_{it} \qquad (4\text{-}10)$$

因为 $\left(\frac{1-(1+\rho)^{T+1}}{-(T+1)\rho} \right)$ 中 T 和 ρ 均为常数项,所以式(4-10)就可以进一步直接简化为

$$c_{it} = \beta_0 + \beta_1 c_{it-1} + \beta_2 y_{it} \qquad (4\text{-}11)$$

生命周期假说认为不同来源的收入可以相互替代(彭小辉等,2013),则式(4-11)就等价于

$$\begin{aligned} c_{it} &= \beta_0 + \beta_1 c_{it-1} + \beta_2 y_{it} + \mu_{it} \\ &= \beta_0 + \beta_1 c_{it-1} + \beta_2 \sum_{k=1}^{4} y_{kit} \\ &= \beta_0 + \beta_1 c_{it-1} + \beta_2 (y_{1it} + y_{2it} + y_{3it} + y_{4it}) \end{aligned} \qquad (4\text{-}12)$$

式中,y_{kit} 表示农民 i 在第 t 时期的第 k 项收入来源,根据国家统计局公布的数据,农民收入来源包括工资性收入、家庭经营性收入、财产性收入和转移性收入四大类,所以有 $k=1,2,3,4$。

但是行为生命周期假说理论却认为不同来源的收入并不能完全替代(Shefrin and Thaler,1988),那么不同收入的消费倾向必然会不一致。此时,我们需要将式(4-11)进行修正,可得

$$\begin{cases} \delta_1 c_{it} = \beta_{01} + \beta_{11} c_{it-1} + \beta_{21} y_{1it} \\ \delta_2 c_{it} = \beta_{02} + \beta_{12} c_{it-1} + \beta_{22} y_{2it} \\ \delta_3 c_{it} = \beta_{03} + \beta_{13} c_{it-1} + \beta_{23} y_{3it} \\ \delta_4 c_{it} = \beta_{04} + \beta_{14} c_{it-1} + \beta_{24} y_{4it} \end{cases} \qquad (4\text{-}13)$$

式中,δ_k 表示第 k 项收入来源的消费份额,必有 $\delta_1 + \delta_2 + \delta_3 + \delta_4 = 1$。通常情况下,式(4-13)中的各公式只能进行加总之后才能进行估计,于是就有

$$\begin{aligned} c_{it} &= \sum_{k=1}^{4} \delta_k c_{it} = \sum_{k=1}^{4} (\beta_{0k} + \beta_{1k} c_{it-1} + \beta_{2k} y_{it}) \\ &= \eta_0 + \eta_1 c_{it-1} + \eta_2 y_{1it} + \eta_3 y_{2it} + \eta_4 y_{3it} + \eta_5 y_{4it} \end{aligned} \qquad (4\text{-}14)$$

式中,$\eta_0 = \sum_{k=1}^{4} \beta_{0k}$,表示截距项;$\eta_1 = \sum_{k=1}^{4} \beta_{1k}$,表示农民上一期消费水平对当期消费水平的影响,可看作农民的消费习惯形成对当前消费的影响程度,即对农村居民消费棘轮效应程度的反映;η_2、η_3、η_4 和 η_5 表示边际消费倾向,反映农村居民当前的各项收入对当前消费的影响的大小。

根据前面的理论模型,我们设置如下的动态面板数据实证分析模型:

$$c_{it} = \eta_0 + \eta_1 c_{it-1} + \eta_2 y_{1it} + \eta_3 y_{2it} + \eta_4 y_{3it} + \eta_5 y_{4it} + \mu_{it} \quad (4\text{-}15)$$

式中，i 表示省区市；t 表示年份；c_{it}、c_{it-1}、y_{1it}、y_{2it}、y_{3it} 和 y_{4it} 分别表示 i 省区市第 t 年的农村居民人均实际生活消费支出、农村居民上一年人均实际生活消费支出、人均实际工资性收入、人均实际家庭经营性收入、人均实际财产性收入和人均实际转移性收入；μ_{it} 表示随机误差项，反映遗漏变量、模型误差和随机因素对模型的影响。

4.2.2　计量方法说明

对于实证分析模型式（4-15）的估计，我们需要考虑到如下两个问题：首先，在模型设定的过程中，我们加入了被解释变量的滞后一期内生变量（c_{it-1}），用以反映农村居民的消费习惯形成，因此，该模型实际上是一个动态面板模型。其次，因为被解释变量的滞后变量（c_{it-1}）与随机误差项（μ_{it}）相关，所以，采用最小二乘估计会导致有偏而且非一致的估计量。为了处理上述这些问题，在计量分析中将使用 GMM 估计，它包括差分广义矩方法（difference generalized method of moments，DiffGMM）和系统广义矩方法（system generalized method of moments，SYSGMM）。对于 DiffGMM 和 SYSGMM 的优劣性方面的详细介绍，请参考 Arellano 和 Bond（1991）、Arellano 和 Bover（1995）、Blundell 和 Bond（1998）的研究，在此不再详细说明。

4.2.3　样本和数据

由于国家统计局网站自 1993 年才开始公布各地区农村居民收入来源数据，故本章实证分析的数据样本为 1993~2013 年。实证分析所使用的各省区市农村居民收入与消费实际值均以该地区 1985 年农村居民消费价格指数为基期进行折算，但是折算过程中，由于四个直辖市的农村居民消费价格指数没有公布，四个直辖市的农村居民实际消费水平和收入水平只能使用该地区的居民消费价格指数代替农村居民消费价格指数进行相应的折算而得到，但这一做法并不影响本章的分析。本章所使用的数据均来自国家统计局网站和《新中国六十年统计资料汇编》。

4.3 计量结果与分析

在经历了1997~2000年的农民收入增速连续四年逐年降低之后,2000~2003年的粮食又出现了逐年减产的情况,其中2003年的粮食产量甚至还不足1991年的水平。在此背景下,2004年起,中央一号文件连续锁定"三农"。为了加大对"三农"的投入力度,我国于2004年起逐步降低农业税(并于2006年全面取消农业税)、实施工业反哺农业、城市支持农村、扩大农民就业、调整农业结构、增加农业投入、加快科技进步、强化对农业支持保护、深化农村改革和坚持"多予、少取、放活"的方针等强农支农惠农政策。这一系列政策倾斜使2004~2013年的农民收入增长实现了"十连快",年均实际增速也达到了9.30%(表4-1)。

表4-1 农民收入与现金消费及各项收入的年均实际增长情况

类别	1993~2013年	1993~2003年	2004~2013年
农民收入	7.45%	5.78%	9.30%
农民现金消费支出	8.66%	6.70%	10.82%
工资性收入	11.58%	11.04%	12.18%
家庭经营性收入	4.84%	3.92%	5.85%
财产性收入	9.95%	7.74%	12.39%
转移性收入	11.23%	3.77%	19.44%

农民收入快速增长的同时,其消费会呈现怎样的变化?农民收入结构的逐渐变迁,对消费水平又会形成怎样的影响?这些都是值得探讨的问题。为了探讨农村居民消费行为是否在2004年前后与收入一样发生结构性变化,我们分别就全样本(1993~2013年)、第一阶段(1993~2003年)和第二阶段(2004~2013年)进行实证检验。实证过程中,我们分别用动态面板两步 DiffGMM 和两步 SYSGMM 对农村居民消费进行估计,估计结果如表4-2所示。根据回归结果可知,三个模型的 SYSGMM 估计都要明显优于 DiffGMM 估计。联合显著性 Wald 检验结果表明,三个模型在总体上均是非常显著的;Sargan 检验结果也表明,三个模型的工具变量在整体上均是有效的;AR(1)检验结果和 AR(2)检验结果表明,三个模型在差分变换后的残差只存在一阶序列相关性,而无二阶序列相关性。所以,

可以断定原模型的随机误差项不存在序列相关性。因此，接下来我们将根据各模型的SYSGMM估计结果进行详细分析。

表4-2 模型的GMM估计结果

项目	模型一：1993~2013年 DiffGMM	模型一：1993~2013年 SYSGMM	模型二：1993~2003年 DiffGMM	模型二：1993~2003年 SYSGMM	模型三：2004~2013年 DiffGMM	模型三：2004~2013年 SYSGMM
农民滞后一期消费	0.282*** (0.000)	0.296*** (0.000)	-0.066 (0.440)	0.139** (0.014)	0.059 (0.628)	0.267* (0.076)
工资性收入	0.525*** (0.000)	0.554*** (0.000)	0.744*** (0.000)	0.638*** (0.000)	0.696*** (0.000)	0.602*** (0.000)
家庭经营性收入	0.358*** (0.000)	0.467*** (0.000)	0.138 (0.512)	0.410*** (0.001)	0.446*** (0.000)	0.533*** (0.000)
财产性收入	1.610*** (0.000)	1.609*** (0.000)	3.499*** (0.000)	3.528*** (0.000)	0.400 (0.349)	0.141 (0.751)
转移性收入	0.512 (0.106)	0.132 (0.477)	-1.309 (0.181)	-0.882 (0.198)	0.875*** (0.002)	0.342 (0.241)
联合显著性Wald检验	1545.43 (0.0000)	2010.94 (0.0000)	69.04 (0.0000)	535.70 (0.0000)	650.09 (0.0000)	2034.45 (0.0000)
Sargan检验（P值）	0.0592	0.8160	0.0011	0.0435	0.0389	0.0747
AR(1)检验（P值）	0.0001	0.0000	0.0001	0.0000	0.4787	0.0861
AR(2)检验（P值）	0.7671	0.7997	0.3207	0.4872	0.0299	0.1156

注：本表的结果由Stata12.0计算而得，其中括号里面为P值
***代表在1%的水平下显著，**代表在5%的水平下显著，*代表在10%的水平下显著

从表4-2中模型一的SYSGMM的估计结果来看，农村居民滞后一期消费的系数估计值是0.296，并且在1%的水平下显著。由模型二与模型三的SYSGMM估计结果对比可知，农民滞后一期消费在第一阶段和第二阶段的系数均显著为正，并且第二阶段的系数基本上是第一阶段的两倍。模型一的SYSGMM估计结果中，农民工资性收入、家庭经营性收入和财产性收入的系数估计值分别为0.554、0.467和1.609，并且均在1%的水平下显著；而转移性收入的系数虽然同样为正，但其影响不显著。由模型二与模型三的SYSGMM估计结果对比可知，农民工资性收入和家庭经营性收入在第一阶段和第二阶段的系数均显著为正，其中工资性收入的系数由第一阶段的0.638下降到了第二阶段的0.602，家庭经营性收入的系数由第一阶段的0.410上升到了第二阶段的0.533；财产性收入的系数在第一阶段显著为正，但是在第二阶段为正却不显著，并且第二阶段的系数要远远小于第一阶段；转移性收入的系数在两个阶段的表现均不显著，但是其影响效应由第一阶段的负向作用转变为第二阶段的正向作用。上述实证结果表明：①农村居民的消费表现出了显著的习惯形成，消费存在着明显的棘轮效

应,并且这一效应在 2004 年前后表现出了明显的差异,即农村居民当期消费对过去消费的依赖性在 2004 年以后有明显增强的趋势。②农村居民的消费变动在整体上呈现出对工资性收入、家庭经营性收入和财产性收入变动的过度敏感性,而转移性收入对消费的影响却并不显著;2004 年后的农村居民消费对家庭经营性收入变动的过度敏感性明显比 2004 年之前要高,对工资性收入的过度敏感性比 2004 年之前略低,对财产性收入的过度敏感性大幅度降低且不再显著;转移性收入对消费的影响虽然不显著,但是系数由第一阶段的抑制作用转向了第二阶段的正向促进作用。

另外,不少学者的研究结论表明:农民的财产性收入和转移性收入能显著推动农民消费水平的提升(Carriker et al.,1993;Whitaker and Effland,2009;温涛等,2013;彭小辉等,2013)。他们认为转移性收入和财产性收入具有暂时性、非传统收入的特征,虽然在收入构成中只占较小的比例,但在农民消费支出过程中却表现出相对宽松的状态(温涛等,2013);再加上这些转移性收入大多属于一次性支付,而人们通常会将一次性获得的小额收入划入现期收入账户(彭小辉等,2013),从而决定了财产性收入和转移性收入都具有较高的消费倾向,因此对农民消费水平的提高起到了显著影响。根据表 4-1 的数据,虽然第二阶段的财产性收入和转移性收入的年均实际增速均要明显大于同期农民收入、工资性收入和家庭经营性收入的年均实际增速,同时第二阶段的财产性收入和转移性收入的年均实际增速远远大于各自第一阶段的年均实际增速,但是我们的实证结果却并没有支持关于"农民财产性收入和转移性收入在第二时期显著推动了农民消费水平上升"的结论。

基于上述研究结论,我们的初步解释如下:①分阶段来看,第二阶段中的工资性收入、家庭经营性收入的年均实际增速分别为 12.18%和 5.85%,均要明显大于第一阶段的 11.04%和 3.92%(表 4-1)。再加上工资性收入和家庭经营性收入作为两种主要的收入来源,两者占农民人均纯收入的比重一直维持在 87%以上(图 4-1),因此,工资性收入和家庭经营性收入自然对扩大农村消费有着举足轻重的作用。②从农民财产性收入的阶段性变化来看,第二阶段的增速要高于第一阶段 4.65 个百分点。但是由于第一阶段的农民收入增速整体较低,甚至明显低于农民现金消费支出增速,而财产性收入的增速在这一阶段却仅次于工资性收入,且远远高于家庭经营性收入和转移性收入的增速,因此第一阶段的农民消费水平提升会明显更依赖于财产性收入这种具有暂时性、非传统收入特征的收入。③从农民转移性收入的阶段变化来看,第二阶段的增速明显高于第一阶段,并且达到了第一阶段的 5 倍以上(表 4-1);转移性收入占农民收入的比重在第二阶段达到了 6.66%,第一阶段仅有 3.92%(表 4-3)。农民转移性收入的大幅度提升也直接说明了为什么转移性收入对消费的影响由第一阶段的抑制作用转向了第二阶段的正向促进作用，也间接地揭示出了与提高农民转移性收入相关的支农惠农政策在提高农民收入和消费水平方面不仅有所作为，而且大有作为。④从农民消费水平与收入水平的比值来看，第二阶段仅仅低于第一阶段1.17个百分点（表4-3），这说明农民消费水平与收入水平几乎完全保持着相同的增长速率。第二阶段的工资性收入和家庭经营性收入水平同步增长，以及两者占农民收入的比重基本保持相对稳定的状态，在一定程度上直接削弱了第二阶段消费水平对财产性收入与和转移性收入的依赖性。再加上这一阶段的财产性收入和转移性收入在不同农户家庭表现极不稳定，特别是财产性收入在不同农户群体当中存在极大差异且极不稳定，而且农民的转移性收入和财产性收入所具备的暂时性、非传统收入和不可持续性等特征在与工资性收入和家庭经营性收入稳步增长相比表现更突出，所以导致两者对消费的推动作用在第二阶段自然极为有限。⑤当然，上述解释并不意味着将来财产性收入和转移性收入继续增长也不能有效促进农民消费水平的提升。反而是，我们应该看到2004年以来，随着国家的强农惠农富农支农政策力度的不断加大、农村土地制度和集体产权制度改革的不断深入，以及农业家庭经营模式的不断创新，农民转移性收入和财产性收入的潜在增长力度必然会得到充分的保障，两者增长的稳定性及两者在农民人均纯收入中的比重都将会得到进一步提升，在推动农村居民消费增长过程中的作用也必将进一步提高。

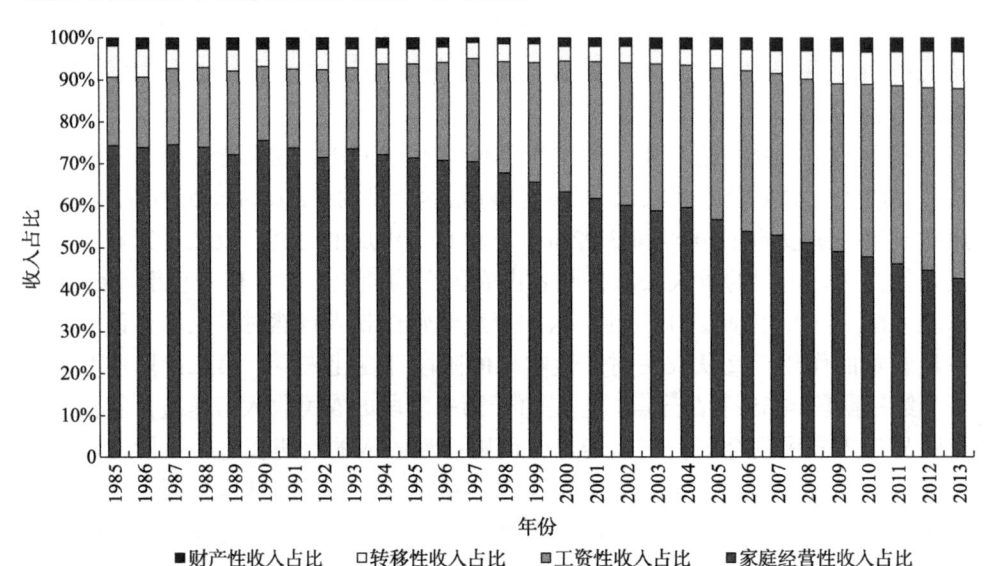

图4-1 1985~2013年我国农村居民收入结构变化趋势

表 4-3 1993～2013 年农村居民各项收入占比变化情况

阶段	工资性收入	家庭经营性收入	财产性收入	转移性收入	消费/收入
1993～2013 年	33.20%	59.05%	2.52%	5.23%	82.31%
1993～2003 年	27.18%	66.87%	2.02%	3.92%	82.87%
2004～2013 年	39.82%	50.45%	3.07%	6.66%	81.70%

注：本表的结果由各指标名义值计算而得

4.4 实证结果的进一步讨论

4.3 节的研究表明，农村居民的消费表现出了显著的习惯形成，农村居民的消费变动对各项收入的依赖性明显各异，并且都在 2004 年前后表现出了明显的阶段性差异。对于以上研究结论，本节将从以下三个方面进一步给出解释。

4.4.1 农村改革的不确定性直接导致了农民收入增长不稳定

由于中国经济改革率先由农村发起，家庭联产承包责任制的确立打破了人民公社时期农民人均纯收入长期处于徘徊与停滞的状态，林毅夫指出在 1978～1984 年，家庭联产承包责任制改革对农业产出增长的贡献约占 46.89%（Lin，1992；林毅夫，1994，2012）。随着农村经济改革和发展，农民收入水平快速增长，1978～1984 年的农民实际收入（农民收入实际值和实际增长率均以 1978 年农村居民消费价格指数进行折算，下同）的年均增速高达 14.06%，学术界与实务界均认为以家庭联产承包责任制为起点的改革造就了举世瞩目的"超常规增长"（农牧渔业部经济政策研究中心经济增长问题课题组，1987）。但是，在经历农村经济改革的快速成功之后，1984 年 10 月党的十二届三中全会召开，发布了《中共中央关于经济体制改革的决定》，于是，中国经济体制改革至此由农村全面转向城市，很快就让农业和农村经济的发展遭遇了"滑铁卢"，而"立竿见影"的结果便是 1985～2003 年的农民收入增长出现剧烈波动，年均实际增长率降低至 4.17%，这一年均增速一方面还不足"超常规增长"阶段的 30%，另一方面更明显低于城镇

2.28个百分点。由图4-2可以看出，1985~2003年的农民收入实际增速先后分别经历了增长缓慢阶段（年均增速只有1.88%）、增长停滞阶段（年均增速只有0.87%）、增长恢复阶段（年均增速为7.90%）、增长持续下滑阶段（年均增速为4.06%）和增长恢复阶段（年均增速为4.48%）。直到2004年之后，农民收入增速才逐渐得以恢复，并在这一阶段成功实现了增长"十连快"，年均增速达到了9.30%（表4-1）。很明显，农民收入增速的剧烈变动和中国经济改革的变动是密不可分的[①]，因为改革过程中所产生的不确定性和不适应性直接影响到了农民收入增长的稳定性与收入结构变动的平稳性，据此进一步渗透到了农村居民的消费行为当中，城乡居民收入差距的不断扩大、农村社会保障制度不健全、农业基础设施严重落后等诸多问题，使缺乏抵御风险能力的农民表现出更加强烈的消费习惯。

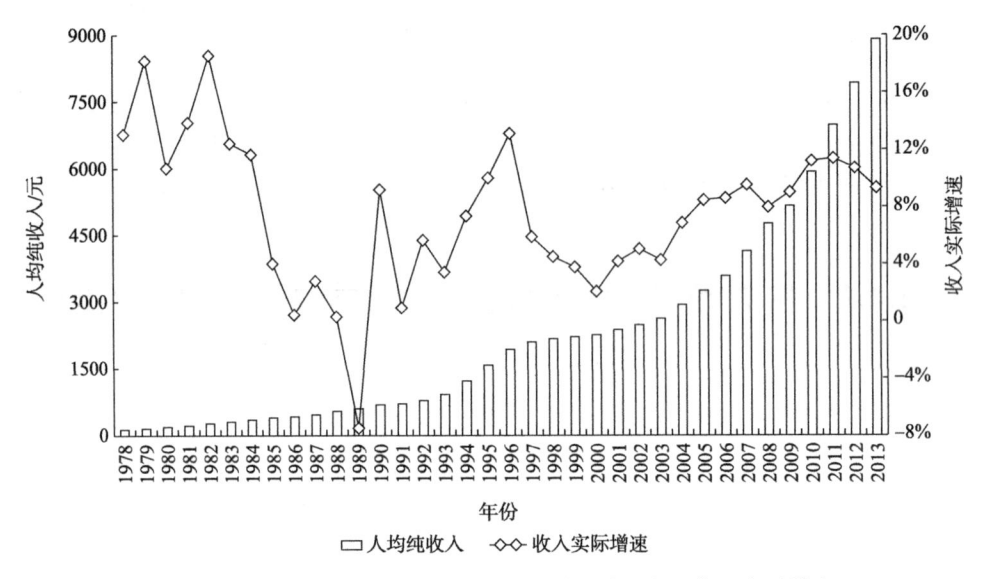

图4-2　1978~2013年中国农村居民人均纯收入名义值和实际增速

4.4.2　农民收入结构严重失衡

改革开放以来，随着农村改革的巨大成功和国家工业化、城镇化进程的全面推进，农民收入水平在整体上保持了较快的增长速度。同时，农民收入的来源渐

[①] 关于中国农民收入增速的剧烈变动和中国经济改革的变动在这里将不再一一进行展开，更详细的阶段性论述可参考王小华（2015）的研究。

趋多元，除传统的家庭经营性收入（不少农户主要以农业收入为主）外，工资性收入也逐渐成为农民收入中主要的来源之一。此外，农民的财产性收入和转移性收入在近年来也渐渐成为其收入增长的突破点。但是，我们应该看到，当前农民收入结构仍然不合理，不同来源的收入增长波动存在较大差异。我们根据图 4-1 中关于 1985~2013 年各项收入占总收入的比重变化情况，可以发现：①农民家庭经营性收入比重整体呈下降态势，且下降的幅度较大，具体从 1985 年的 74.4%下降到 2013 年的 42.7%，下降了 31.7 个百分点。即便如此，农民家庭经营性收入在 1985~2012 年一直在农民收入来源中占据着绝对主要的地位。②工资性收入比重整体呈上升态势，1985~2013 年由 16.3%上升到了 45.2%，上升了 28.9 个百分点，作为农民收入的第二大主要来源，在 2012 年及以前，工资性收入占比一直低于家庭经营性收入，这一现象直到 2013 年才最终发生了逆转。引起农民家庭经营性收入和工资性收入这种此消彼长的变化的主要原因在于城镇化的快速推进、农村劳动力大量外出务工及农民工工资水平的逐步增长。③从农民的财产性收入和转移性收入的变化情况来看，两者所占比重一直处于一个很低的水平，且直到 2009 年才突破 10%，因此可以说两者基本上只能算作农民收入的额外补充性来源。其中，财产性收入在不断波动过程中从 1985 年的 1.9%下降到了 1997 年的历史最低值 1.1%，随后又一波三折地上升到 2013 年的 3.3%；转移性收入同样在不断波动过程中由 1985 年的 7.4%下降到了 2000 年的历史最低值 3.5%，之后逐渐上升到了 2013 年的 8.8%。农民各项收入的内部剧烈波动和各项收入之间的严重失衡，直接导致了农民收入来源的高度不稳定性，因此也就加剧了农民消费的不确定性，进一步直接影响到了农民消费水平的提高，最终制约了内需的扩大和经济发展方式的转变。

4.4.3 城乡居民转移性收入差距和财产性收入差距过大

城乡居民之间福利的巨大差距也直接影响到了农民消费水平的提升。由于城镇居民以社会福利方式获得的收入大多难以准确估计而且很多是隐性收入，与此同时，农民因为社会福利方式所获得的收入却相对很少。在此，我们仅以城乡居民的转移性收入揭示城乡居民社会福利差距。1985 年，城乡居民人均转移性收入分别为 114.10 元和 29.47 元，其差距的绝对值为 84.63 元，两者之比为 3.87，但这一比值在之后的 20 年中持续上升，于 2003 年上升为历史最大值 21.81，从 2004 年开始呈现出快速下降的趋势，但是在 2013 年仍然高达 8.95。从 2013 年城乡居民人均转移性收入来看，城镇居民为 7014.74 元，占其可支配收入的

26.02%；同时，农村居民只有 783.52 元，一方面还不足城镇居民转移性收入的 12%，另一方面仅占农民人均纯收入的 8.81%，以致当年仅转移性收入差距因素就使城乡居民收入差距扩大了 6226 元，占该年度城乡居民收入绝对差距的 34.48%。同样地，我们可以从城乡居民转移性收入总量的对比看出城乡居民福利之间的巨大差距，2013 年城镇居民转移性收入总量为 51 285.80 亿元，占全部转移性收入的 91.23%，而农村居民却只有 4933.11 亿元，仅占全部转移性收入的 8.77%。

目前尚无对城乡居民财产状况的准确统计，因此无法进行对比。一方面，我们简单地从城乡居民年末储蓄存款余额来看，城乡之间的差距悬殊。根据《中国金融年鉴 2014》数据，1978 年城乡居民人均储蓄虽然分别只有 90.10 元和 7.10 元，但是二者之比高达 12.69，其绝对差距为 83.00 元；2013 年城乡居民人均储蓄分别增长到了 47 370.51 元和 16 084.48 元，绝对差距扩大到了 31 286.03 元。另一方面，我们同样可以从国家统计局网站公布的城乡居民财产性收入数据大致看出城乡居民的财产性收入差别，1985 年以来，城乡居民人均财产性收入比的波动幅度并不大，由 1985 年的 0.50 逐渐上升到 1997 年的 5.27，之后降低并保持平稳，其中 2013 年城镇居民人均财产性收入为 809.9 元，同期农村居民的人均财产性收入为 293 元，二者之比为 2.76。虽然城乡居民财产性收入比明显小于城乡居民转移性收入比和工资性收入比，但财产性收入比同样不可忽视，因为一旦考虑到城镇居民的隐性财产收入，这一差距必将更大（王小华和温涛，2015），更何况城镇居民所享受的金融服务质量和数量都远远高于农村居民。此外，随着城镇化的快速推进，城市土地已被完全激活，并完全实现了财产化，直接推动了城镇居民财产性收入的快速增长；相反，农村产权抵押的法律保障机制和执行配套缺位、金融机构对土地抵押物变现比较困难且成本较高、农地经营权抵押贷款的法律保障机制不合理等问题仍未彻底解决，导致农民的土地和房地产等不动产很难财产化，严重制约了农民财产性收入增长。

4.5　结论和政策启示

我国农村居民收入在 1978~1984 年实现"超常规增长"之后，在 2004~2013 年又成功实现了增长"十连快"。与此同时，农民收入结构发生了很大变化，不再是过去那种家庭经营性收入"一枝独大"的局面，而是家庭经营性收入和工资性收入"齐头并进"地主导农民收入总量的不断提升,虽然如此,农村居民消费水平低下的困境却迟迟未能摆脱。基于此,本章利用1993~2013年中国31个省区市的数据,将习惯形成、收入结构与农村居民消费相结合,在构建省级动态面板数据理论模型的基础上,运用GMM对农村居民消费行为演化进行了实证分析。结果表明,农村居民的消费表现出了显著的习惯形成,消费存在着明显的棘轮效应,并且这一效应在2004年前后表现出了明显的差异,即农村居民当期消费对过去消费的依赖性在2004年以后有明显增强的趋势。农村居民的消费变动在整体上呈现出对工资性收入、家庭经营性收入和财产性收入变动的过度敏感性,而转移性收入对消费的影响并不显著;2004年后的农村居民消费对家庭经营性收入变动的过度敏感性明显比2004年之前要强,对工资性收入的过度敏感性比2004年之前略低,对财产性收入的过度敏感性大幅度降低且不再显著。

上述分析表明,目前中国持续较高的城乡居民收入差距和严重失衡的农民收入结构,以及农村社会保障制度不健全、基础设施严重落后等诸多问题,使农村居民增收比城镇居民面临更大的不确定性,致使农村居民消费存在明显的棘轮效应且消费水平始终处于一个较低的运行状态。基于这一现实条件,若要提高农村居民的消费水平且减少消费的习惯性依赖,最首要的任务是确保农民收入持续、快速、稳定增长和收入结构持续优化,这不仅需要从国家层面上制订农民增收规划,出台重大政策和改革措施,建立农民增长长效机制,而且需要在保护农民家庭经营性收入等传统收入稳定增长的情况下,高度重视非农就业对于提高农民收入水平的重要作用,务必确保近年来农民财产性收入和转移性收入高速增长惯性,使其成为农村居民提高生活水平、分享经济增长成果的重要抓手。一方面要做到加快城镇化步伐,推进农村劳动力转移就业创业和农民工市民化,稳步提高农民工资水平并保障工资性收入在农民收入中的比重稳步提升;另一方面要切实完善各项法律法规,切实维护农民的财产收益权,完善农村的金融服务,注重提高农村居民财产性收入的举措更多地向低收入群体倾斜,引导并规范农村低收入群体适度参与资本市场,逐步建立财产税制度,抑制城乡居民财产性收入差距进一步扩大。

具体来讲,一是调整农业种养结构,发展优质高效的农业,优化配置农业生产要素,充分挖掘传统农业收入增长潜力;二是突破原有小规模限制,引入分工机制,对土地要素进行重组,然后带动其他农业生产要素进行重组和优化配置,实现农业生产经营规模化、分工化、专业化、集约化、组织化,挖掘现代农业收入增长潜力;三是引导农业剩余劳动力到城镇第二、第三产业或农村其他地方就业,使农民成为产业工人,成为职业农业工人,成为城市建设者,成为劳资关系中的重要角色,提高农民工资性收入;四是以《中华人民共和国农村土地承包法》(2018年修正)的实施为契机,继续"做实"农村集体产权主体,改革农村土地要素征用制度和产权制度，推进农村用地市场化配置，充分释放农村土地承包权、宅基地使用权、集体收益分配权的财产属性，积极推进农业土地要素资本化、金融化、市场化，使农民财产性收入得到大幅度提升；五是逐步加大财政转移支付力度，尤其应加大粮食主产区、偏远山区、革命老区和西部贫困地区的财政补贴力度，优化财政支农支出资金结构，着力加大四项补贴（包括粮食、农资、良种和农机具补贴）支援农村生产支出和各项农业事业费所占比例，提高农民的转移性收入。除此之外，还应充分利用好国家新型城镇化发展战略，需要赋予农民平等的就业机会和报酬，实现城乡公共资源配置一体化，建设好农村和城乡接合部的消费市场，促进城市消费市场向农村延伸。

第5章 基于生命周期理论视角的我国农村居民消费问题分析

5.1 引　　言

　　发端于美国的国际金融危机，使世界经济遭受巨大损失，中国经济也不可避免地受到冲击，由于外部需求急剧萎缩，2008 年我国货物出口 14 285 亿美元，增长 17.2%，同比减少 8.5 个百分点；2015 年国际市场仍不容乐观，上半年进出口总额下降 7%，其中，出口下降 1.8%，进口下降 13.2%。为促进我国经济平稳发展、健康发展，应改变传统的"出口导向"战略，适当控制外贸依存度（程恩富和尹栾平，2009），注重内需对经济的拉动作用，其重点是消费拉动，因为投资虽然能带动经济的增长，但如果不能把投资转化为消费，必然会造成产能过剩、经济萧条（李义平，2009）。我国是一个典型的二元经济国家，农村人口占比为 54.3%（2008 年底），农村、农业和农民问题是我国经济发展过程中面临的一个战略性问题，2009 年中央一号文件指出扩大国内需求，最大潜力在农村，由此研究农村居民消费对促进我国经济健康发展就显得格外重要。

　　国内外学者对消费问题进行了大量的研究。Modigliani 和 Brumberg（1954）提出了生命周期假设的基本思想和消费函数的基本形式，并对生命周期假设的有关数据与模型的配合进行了测试。Davidson 等（1978）对 Modigliani 的生命周期函数进行改进，加入了消费滞后期的影响。国内学者也对消费问题进行了大量的研究。余永定和李军（2000）指出，随着改革的不断深入，储蓄目标会不断提高，实际消费对实际收入的弹性可能会进一步下降，为激发国内消费，应把启动中低收入阶层的消费作为突破口，改善公众预期，增强消费者信心（武少俊，2003），同时，消费理念、习惯（宁一非，2008；苏良军等，2005；李文星等，2008）和文化习俗（高觉民，2005）也是影响农村居民消费的主要因素。杜莉等（2013）研究表明，财富效应[①]使自有住房家庭平均消费倾向提高，无房家庭放弃购房转而扩大消费。颜色和朱国钟（2013）基于生命周期动态模型发现，如果房价永久增长则存在财富效应，但若上涨无法永久持续，家庭为了购房和偿还贷款而压缩消费则造成"房奴效应"。彭小辉等（2013）将农村居民的收入划分为不同类型，考察不同类型的收入对农户消费的影响。其使用 2003~2008 年的全国农村固定跟踪观察点跟踪调查中的东北三省农户数据，发现转移性收入和财产性收入及政策环境的变化对农村居民的消费具有显著的影响。我国政府在 2000 年之后，推出了一系列旨在提高农村居民收入、促进农村发展的政策措施。农村的税费改革无疑是具有历史意义的政策变革，汪伟等（2013）运用 2000~2009 年分省面板数据在连续型双重差分模型的设定下，评估了税费改革对农村居民消费的影响。结果表明，税费改革对促进农村居民消费具有持续性的影响，且这种促进作用在人均收入水平低、发展落后的西部地区、农业大省及非粮食主产省更大。国内学者研究了退休对消费的影响，但囿于微观家庭消费数据的可得性和研究方法的不足，国内的相关研究尚处于起步阶段。杨赞等（2013）利用 2002~2009 年 9 个省级行政区的中国城镇家庭收入支出调查数据，在排除了与子女同居情况后，发现退休使家庭消费不降反升，这一趋势在发达地区尤为明显。新型农村社会养老保险是一项针对我国农村居民的重大社会工程，其是否具有与新型农村合作医疗类似的促进消费的作用呢？岳爱等（2013）和张川川等（2015）在分别使用不同数据的情况下发现了新型农村社会养老保险对农村居民消费的正向促进作用。随着农业劳动力向非农部门转移，农民工收入份额提高，该群体的储蓄-消费关系变动可能导致家庭部门整体储蓄率提高（张勋等，2014）。综合国内外相关研究和新生代农民工的群体属性，并借鉴赵立（2014）对新生代农民工城市融入意愿的定义，将新生代农民工城市融入意愿定义为：新生代农民工在市民化过程中，在经济、文化和心理层面融入城市的主观意愿。邹红和喻开志（2015）利用 2000~2009 年广东省的城镇住户调查数据，采用断点回归设计检验了我国是否存在退休消费骤降的情况，并探讨了原因。邹红和喻开志（2015）的研究结果显示退休使家庭非耐用消费支出减少 9%，与工作相关支出减少 25.1%，文化娱乐支出减少 18.6%，在家食品支出下降 7.4%。现有的研究为分析农村居民消费提供了借鉴，也为我们的进一步研究指明了方向，特别是 Davidson 改进后的生命周期消费函数具有稳态性质，被广泛认为是较好的消费函数，应作为首选对象（贺菊煌，1998），而现有的研究很少用生命周期理论对我国农村居民消费进行实证研究。鉴于此，本章运用生命

[①] 财富效应主要是指货币财富效应，金融资产价格的上涨或下跌，导致持有者财富的增长或减少，进而促进或抑制消费的增长。

周期理论来实证我国农村居民消费问题,从而为拓展农村消费市场提供理论与实证支持。

5.2 理论逻辑

臧旭恒(2001)在分析各种消费函数后指出人们的行为越来越理性,他们预期一生的收入,并依次对各期消费和投资做出选择,规避风险并以跨时期效用最大化为行为目标;贺菊煌(1998)认为变形后的生命周期函数是分析消费问题的首选函数。因此,我们运用生命周期函数来分析农村居民消费问题。生命周期理论认为,消费者在某一时期的消费和储蓄行为,不仅取决于他当期的收入,还取决于他当期财产、预期收入及他的年龄,人们力图合理安排自己一生的消费,从而使消费保持某种相等或者略微增长的水平。消费者一生消费支出的流量现值要等于一生中各期收入流量的现值,所以消费的预算约束为

$$\sum_{t=1}^{T}\frac{C_t}{(1+r)^{t-1}}=\sum_{t=1}^{T}\frac{Y_t}{(1+r)^{t-1}} \qquad (5\text{-}1)$$

式中,C_t 表示消费者在 t 时期的消费;r 表示利率;Y_t 表示消费者在 t 时期的水平。

在预算约束下,消费者希望将自己一生的全部收入进行最优分配,使得效用 $U(C_1,C_2,\cdots,C_T)$ 达到最大。于是推导消费函数就变成构造拉格朗日函数求极值的问题:

$$L(C_1,C_2,\cdots,C_T,\lambda)=U(C_1,C_2,\cdots,C_T,r)+\lambda\left[\sum_{t=1}^{T}\frac{C_t}{(1+r)^{t-1}}-\sum_{t=1}^{T}\frac{Y_t}{(1+r)^{t-1}}\right] \quad (5\text{-}2)$$

其极值条件为

$$\begin{cases}\dfrac{\partial L}{\partial C_t}=\dfrac{\partial U}{\partial C_t}-\dfrac{\lambda}{(1+r)^{t-1}}\\ \dfrac{\partial L}{\partial C_t}=\sum_{t=1}^{T}\dfrac{Y_t}{(1+r)^{t-1}}-\sum_{t=1}^{T}\dfrac{C_t}{(1+r)^{t-1}}\end{cases},\quad t=1,2,\cdots,T \qquad (5\text{-}3)$$

求解该方程组即可得到最优消费的消费函数为

$$U(Y_1,Y_2,\cdots,Y_T,r) \qquad (5\text{-}4)$$

表明消费是各时期的收入和贴现的函数。

一般近似地用下列函数描述生命周期假设消费函数模型:

$$C_t=\alpha A_t+\beta Y_t+\mu_t,\quad t=1,2,\cdots,T \qquad (5\text{-}5)$$

式中，α 表示当前的边际消费倾向；β 表示消费者已经积累的财富对当前消费的影响；A_t 表示 t 时期的资产；μ_t 表示随机扰动项。而平均消费倾向为

$$C_t / Y_t = \alpha(A_t / Y_t) + \beta \qquad (5\text{-}6)$$

式（5-5）、式（5-6）都涉及资产（A_t），而在我国农村地区，资产一般无法进行计量，有些学者认为可以用储蓄来作为资产进行衡量，但储蓄强依赖于收入，收入和储蓄两个自变量具有共线性，因此 Davidson 等（1978）对式（5-5）进行变形：

$$A_t = Y_{t-1} - (\alpha A_{t-1} + \beta Y_{t-1}) + A_{t-1} \qquad (5\text{-}7)$$

$$A_{t-1} = \frac{1}{\alpha C_{t-1}} - \frac{\beta}{\alpha Y_{t-1}} \qquad (5\text{-}8)$$

将式（5-8）代入式（5-7）得

$$A_t = \frac{\alpha - \beta}{\alpha C_{t-1}} - \frac{1-\alpha}{\alpha Y_{t-1}} \qquad (5\text{-}9)$$

将式（5-9）代入式（5-5）得

$$C_t = (1-\alpha)C_{t-1} + (\alpha - \beta)Y_{t-1} + \beta Y_t + \mu_t \qquad (5\text{-}10)$$

我们去掉明显具有共线性的 Y_{t-1}，引入常数项，即得到如下式子：

$$C_t = \beta_0 + \beta_1 Y_t + \beta_2 C_{t-1} + \mu_t, \quad t = 1, 2, \cdots, T \qquad (5\text{-}11)$$

式中，C_{t-1} 表示前期消费，即加入消费刚性这一解释变量。因为消费习惯一旦形成是难以改变的，所以消费不仅取决于当前的收入，还会受过去消费的影响，当收入下降时消费不会立即随之减少，消费具有"不可逆"性。

5.3 样本和数据

为了能够客观揭示我国农村居民消费与农村居民纯收入和消费刚性之间的关系，本章以 1952~2015 年农村居民人均消费、农村居民人均纯收入的数据并取其对数进行分析研究，选取人均变量而非总变量是为了更好地排除人口总量及其结构的影响。数据来源于《中国统计年鉴》（历年）、《新中国六十年统计资料汇编》和 2009~2015 年的《国民经济和社会发展统计公报》。

从图 5-1 可以看出，1952~1978 年农村居民人均消费、农村居民人均纯收入之间的差距不大且增长较为缓慢，这是因为当时农村不存在一个完善的市场，多数农民过着自给自足式的生活，农民消费自己的产出也被统计在消费水平中，导

致个别年份的消费甚至大于收入,另外,这段时期还受到"三年困难时期"和十年"文化大革命"的严重影响。1978年后农村进行了家庭联产承包责任制改革,农村居民人均消费、农村居民人均纯收入增长率明显增加,但人均消费的增长速度明显低于农村居民人均纯收入的增长速度,因为随着农民收入的提高,消费支出的比重逐渐变小,说明农民的生活水平在逐步提高。

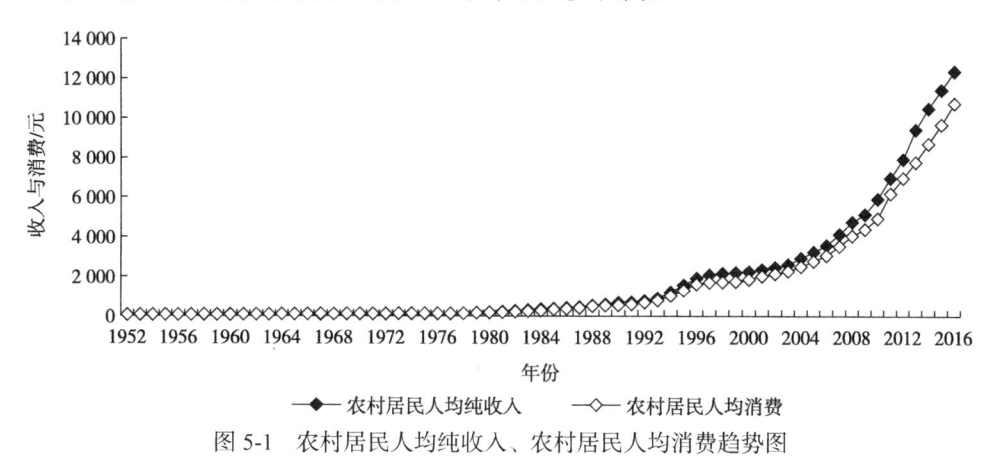

图 5-1 农村居民人均纯收入、农村居民人均消费趋势图

5.4 计量分析

利用 EViews 6.0 软件对农村居民人均消费、农村居民人均纯收入和消费刚性间的关系进行实证研究。

5.4.1 变量平稳性检验

在对时间序列数据进行计量分析前,为了避免由数据非平稳性导致"伪回归",一般都要进行数据的单位根检验、协整检验。本章首先对各变量进行单位根检验,以确定变量的平稳性。在此我们运用 ADF(augmented Dickey-Fuller,增广迪基-富勒)检验和 PP 检验[①]进行变量平稳性检验,结果如表 5-1 所示,序列 $\log C_t$、$\log y$、

---

① PP 检验由 Phillips 和 Perron 提出,并以二人名字命名。

$\log C_{t-1}$ 水平值的 ADF 和 PP 检验值都无法拒绝原假设,即有单位根;而序列 $\log C_t$、$\log y$、$\log C_{t-1}$ 一阶差分值的 ADF 和 PP 检验值能在 1%的显著性水平下拒绝原假设,是平稳的,即序列 $\log C_t$、$\log y$、$\log C_{t-1}$ 均是 I(1)序列。

表 5-1 单位根检验结果

项目		ADF 检验		PP 检验	
		统计量	P 值	统计量	P 值
农村人均消费($\log C_t$)	水平值	−1.809 465	0.686 7	1.350 004	0.864 7
	一阶差分值	−4.758 642	0.001 7***	−4.814 198	0.001 4***
农村人均纯收入($\log y$)	水平值	−1.654 940	0.757 6	−1.381 967	0.855 6
	一阶差分值	−4.334 597	0.005 7***	−4.258 871	0.007 1***
消费刚性($\log C_{t-1}$)	水平值	−1.771 714	0.704 6	−1.340 345	0.867 1
	一阶差分值	−4.703 690	0.002 0***	−4.759 713	0.001 7***

注:以上统计量及 P 值均由 EViews 6.0 检验得出。其中 ADF 检验和 PP 检验零假设均为有单位根
***代表在 1%的显著性水平下显著

5.4.2 协整关系检验

$\log C_t$、$\log y$、$\log C_{t-1}$ 不是平稳序列,但均是一阶单整,下面对其进行协整检验。在此我们运用对回归方程的残差进行单位根检验的协整检验方法。利用式(5-11)对 1952~2015 年中国农村居民消费进行回归,结果如表 5-2 所示,同时得到残差序列 $\hat{\mu}_t$。接着我们对残差序列进行平稳性检验,其水平值的 ADF 检验和 PP 检验都能在 1%的显著性水平下拒绝原假设,接受不存在单位根的结论,因此可以确定 $\hat{\mu}_t$ 是平稳序列,即 $\hat{\mu}_t \sim I(0)$。上述结果表明,$\log C_t$、$\log y$、$\log C_{t-1}$ 之间存在协整关系。并且从表 5-3 中可以看出,模型能够通过检验,农村人均纯收入和农村居民消费刚性能在 1%的显著性水平下拒绝原假设,即农村人均纯收入和消费刚性能显著地影响农村居民当期消费,说明我国农村居民消费可以用变形后的生命周期函数予以有效解释。由于对变量做了对数处理,系数即变量的弹性。农村居民人均纯收入和消费刚性的弹性系数分别为 0.459 073 和 0.507 800,即农村居民人均纯收入和消费刚性每增长 1%,当期农村人均消费分别增长 45.9073%和 50.7800%。消费刚性的弹性系数大于人均纯收入的弹性系数,这是因为我国农村居民人均纯收入相对较低(2015 年城镇居民人均可支配收入为农村居民人均纯

收入的 2.73 倍[①]），而且农村社会保障体系建设滞后，农民面临着疾病、自然灾害、子女教育支出和征地补偿等不确定性风险，农民的收入考虑一生的效用，不是全部用于即期的消费，而是将一部分作为储蓄以备未来的不时之需。消费具有不可逆性，特别地，农村居民消费支出是为了满足基本的生活需求，因此消费刚性对农村居民的消费影响较大。

表 5-2　回归结果

农村人均纯收入 β_1	消费刚性 β_2	常数项 β_0	调整后 R^2
0.459 073***	0.507 800***	0.202 705***	0.998 527
（7.693 361）	（7.611 545）	（4.611 723）	

注：此表为 EViews 6.0 软件计算结果，括号内为 t 值

***表示在 1%的显著性水平下显著

表 5-3　协整检验结果

项目	ADF 检验		PP 检验	
	统计量	P 值	统计量	P 值
水平值	-5.694 206	0.000 1***	-5.613 377	0.000 1***

***表示在 1%的显著性水平下显著

5.4.3　建立误差修正模型

即使变量间存在长期稳定的关系，但短期内也会出现失衡，且实际经济数据往往是由"非均衡过程"造成的，因此建模时需要用数据的动态非均衡过程来逼近经济理论的长期均衡过程。为考察农村居民消费函数的动态关系，我们通过建立误差修正模型（error correction model，ECM）来进行分析。在协整检验中我们得到残差序列 $\hat{\mu}_t$，令误差修正项 $\text{ecm}_t = \hat{\mu}_t$，建立如下误差修正模型：

$$\Delta \log C_t = \beta_0 + \beta_1 \Delta \log y + \beta_2 \Delta \log C_{t-1} + \beta_3 \text{ecm}_{t-1} + \varepsilon_t \quad (5\text{-}12)$$

其估计结果如表 5-4 所示，ecm_{t-1} 能在 1%的显著性水平下拒绝原假设，误差纠正机制发生作用，差分项反映了短期波动的影响。消费的影响分为两部分：一部分是短期内收入和消费刚性的影响；另一部分是偏离长期均衡的影响。短期内消费刚性的系数小于短期收入的系数，这是因为消费习惯是在长期的消费过程中形成的，短期内作用不明显。误差修正项 ecm_{t-1} 的系数的大小反映了对偏离长期均衡的调整力度，从其系数来看，当短期波动偏离长期均衡时，将以-0.685 696

---

① 根据《2015 年国民经济和社会发展统计公报》计算而得。

的调整力度将非均衡拉回，纠正机制发挥较强的作用。

表 5-4　误差修正模型回归结果

β_0	$\Delta \log y$	$\Delta \log C_{t-1}$	ecm$_{t-1}$	D.W
−0.001 764 （−0.170 439）	0.631 766*** （6.338 957）	0.321 205** （2.421 623）	−0.685 696*** （−4.067 996）	1.815 867

***表示在1%的显著性水平下显著，**表示在5%的显著性水平下显著

5.5　结论和政策启示

本章运用生命周期理论对我国1952~2015年的农村居民消费进行实证分析，得到两个结论：第一，我国农村居民消费可以用改进后的生命周期消费函数予以有效解释。农村居民人均纯收入和消费刚性能显著地作用于农村居民的当期消费。随着社会的发展，人们的消费行为越来越符合理性经济人的特征，根据自己预期一生的收入来安排消费和投资。特别在当今形势下，受金融危机影响，农产品的价格和销量都存在不确定性，农民对未来农村经济发展没有足够的信心，预期收入将会大幅度减少，为应对当前困局，农民将平滑当期消费，从而使自己总体消费效用最大化。而生命周期消费函数正是追求居民一生总体消费效用的最大化，能够有效揭示当前我国农村居民的消费行为。第二，农村居民的消费刚性和收入是影响消费的关键因素。长期来看，农村居民当期消费与农村居民人均纯收入、农村居民消费刚性之间具有长期稳定关系，且消费刚性的弹性系数大于人均纯收入的弹性系数。这是因为农村居民消费是为了满足基本的生活需求，其消费刚性较大。在国际金融危机影响下，虽然预期收入可能出现下降倾向，但受到消费刚性的影响，农村居民还有通过减少储蓄或通过增加劳动获得收入维持原有消费水平的强烈愿望。短期看，农村居民消费具有波动性，但主要受收入的影响，因为消费习惯是在一个较长的时期内形成的，其短期作用并不明显。

根据上述实证结果，在新的形势下为促进我国经济健康平稳发展，本章认为应当做好以下三个方面：①树立农村居民的消费信心，改善消费预期。从前面的研究可知，农村居民的消费行为与其一生的消费习惯和收入之间存在稳定的关系，农村居民会根据自己的预期收入来合理安排消费。受金融危机影响，农产品价格全面下行，农民工失业返乡，农民收入降低，同时由于我国宏观经济整体出现下滑，农村居民预期未来收入将会降低，农村居民消费信心不足。为此政府应通过

积极的财政政策和适度宽松的货币政策,采取一系列卓有成效的举措,促进经济增长,增加就业,并对农产品实施一定的保护政策,增加农民的收入,从而使其形成一个良好的经济预期,树立消费信心。②引导农村居民转变消费观念,培育良好的消费习惯。实证结果显示,长期来看消费刚性是影响农村居民消费的首要因素,而我国农村地区传统的"量入为出""节俭第一""无债一身轻"等陈旧的消费观念已根深蒂固,不利于拓展农村消费市场,因此各级政府应宣传合理的消费形式,引导农民树立正确新型的消费理念,形成良好消费习惯,激发农民消费潜力。消费习惯是在长期的消费过程中形成的,因此政府对农村居民消费的引导及在引导过程中所采取的向农村、农民倾斜的消费政策不应是一时的,而应是长期的,应将其提升到战略高度上来。同时要通过改善收入分配结构,努力提高农村中低收入居民的收入水平,为其消费观念转变创造良好的基础。③完善农村社会保障体系,降低农村居民的不确定性。在研究中发现,农村居民面对的不确定性因素较多,在收入一定的情况下,农民的消费支出相对城镇居民较低,由于没有完善的社会保障体系,农民将一部分收入变为储蓄以备将来的不时之需。为激发农民的消费意愿,拉动经济增长,应建立和完善农村社会保障体系,在制定政策时应充分考虑我国二元经济的特性,建立适合我国农村的养老保险、医疗保险制度,同时为贫困家庭子女上学提供一定的援助,从而减少农民未来不确定性支出,有效缓解其后顾之忧,让其敢于消费,从而刺激经济增长。

第6章 城乡居民消费行为及结构演化的比较分析

6.1 引　言

　　转变经济发展方式、实现经济内生增长就成为当前中国经济进入新常态下最迫切需要解决的问题，扩大内需特别是提高居民的消费水平便成为近年来政府应对危机和稳定经济、构建国内经济大循环的重要战略举措。然而事实情况是，作为拉动 GDP 的"三驾马车"之一的消费对中国经济增长的推动作用却持续疲软，"雪上加霜"的是，消费又主要面临着整体消费率下滑、政府消费支出占比缓慢增加、居民消费支出占比降低和城乡居民消费差距扩大的多重困境，农村居民消费能力不足和消费结构不合理所导致的农村消费困境成为关键制约因素。党的十八大报告明确指出："要牢牢把握扩大内需这一战略基点，加快建立扩大消费需求长效机制，释放居民消费潜力，保持投资合理增长，扩大国内市场规模。"[①]从我国实际情况来看，扩大内需的关键还是扩大农村居民消费需求，这必然离不开农民收入的持续、快速和稳定增长。

　　从农村居民人均纯收入来看，其名义值由 1978 年的仅仅 133.6 元上升到了 2013 年的 8895.9 元，增长了将近 66 倍，年均名义增长率高达 12.74%，以 1978 年不变价表示的年均实际增长率为 7.52%，并且在改革开放初期（1978~1984 年）实现了超常规增长（陈锡文，1987；许经勇，1994），之后又在 2004~2014 年实现了增长"十一连快"[②]。从农民收入的各项构成来看，家庭经营性收入和工资性

[①] 引自 2012 年 11 月 8 日《人民日报》中的文章：《坚定不移沿着中国特色社会主义道路前进　为全面建成小康社会而奋斗》。

[②] 1978~1984 年和 2004~2014 年农民收入实际年均增速分别为 14.06% 和 9.29%。

收入一直都是农民收入的最重要组成部分，而财产性收入和转移性收入仅占一小部分[①]。其中，农民家庭经营性收入比重整体下降，从 1985 年的 74.4%下降到 2013 年的 42.7%，下降了 31.7 个百分点；工资性收入比重却整体呈上升态势，同期由 16.3%上升到 45.2%，上升了 28.9 个百分点；财产性收入和转移性收入的占比也分别由 1.9%和 7.4%上升到了 3.3%和 8.8%，两者的占比虽小，但也有上升趋势，均上升了 1.4 个百分点。

虽然改革开放以后，我国农村人口从 82.08%（1978 年）快速下降至 45.23%（2014 年），但 2014 年农村人口总量仍高达 6.19 亿，而农村居民的消费总量却只有全国的 1/5。从城乡居民消费对比情况来，城镇居民消费占比一直不断上升，而农村居民消费占比却从 62.1%（1978 年）大幅下降至 21.8%（2013 年），36 年的时间下降了 40.3 个百分点；就农村居民人均消费水平而言，21 世纪以来农村消费进一步出现萎缩现象，1978~2013 年农村居民人均消费水平年均增长率为 12.10%，而 1997~2013 年的年均增长率仅有 9.50%（其中 1997~2003 年和 2004~2013 年的年均增长率分别为 3.74%和 13.51%）。由此看来，在当前乃至未来的很长一段时间内，要实现经济的内生增长，提升我国居民的消费空间、努力实现农村消费脱困是必要且紧迫的，这一过程中首先需要保障农民收入持续稳定增长和收入结构优化。本章剩余部分的安排如下：6.2 节是文献回顾与评述；6.3 节是研究方法、数据的选取与说明；6.4 节是计量分析；6.5 节是城乡居民消费行为差异及农村居民消费结构升级缓慢的根源分析；6.6 节是结论和政策启示。

6.2 文献回顾与评述

由于生命周期-持久收入假说（life cycle-permanent income hypothesis，LC-PIH）理论对现实条件的过度理想化，该理论受到了后来学者的广泛质疑，而学者也在进行不断的改进，Hall（1978）考虑到不确定性因素的存在，他将理性预期理论引入 LC-PIH，提出了随机游走假说，该理论认为消费的变化是完全不可预测的，所以个人的预期收入增长率与消费之间并无直接关系，而且将来的不确定性收入对现在的消费也没有任何影响（Hall and Mishkin，1982）。20 世纪 80 年代末 90 年代初，预防性储蓄理论（Leland，1968）获得了极大发展，研究者将不确定性

[①] 本部分数据未经特殊说明，均根据《新中国五十年统计资料汇编》及国家统计局网站的数据计算所得。

引入消费的分析框架，在吸收了理性预期思想的基础上，消费理论呈现出多样化的发展趋势，大量学者进一步对 LC-PIH 进行了重要拓展，如 Zeldes（1989）、Jappelli 和 Pagano（1994）发展出的流动性约束假说，Deaton（1991）和 Carroll（1994）提出的缓冲存货式储蓄假说（buffer-stock saving hypothesis）[①]，Caballero（1990）和 Hubbard 等（1995）提出的预防性储蓄假说，以及在此过程中出现的各种预防性储蓄模型（Zeldes，1989；Carroll et al.，1992；Wilson，1998；Cagetti，2003；Pijoan-Mas，2006；Carroll and Kimball，2008；Guerrieri and Lorenzoni，2011；Mody et al.，2012；Duchin et al.，2017），这些理论的不断发展与改进，使消费理论对实际消费数据的解释能力更强了。

进入 20 世纪 90 年代，在借鉴国外经典的收入-消费理论的基础上，国内学者针对居民收入与消费的研究明显增多，但学者主要围绕着以下三个方面进行。首先，关于绝对收入假说的研究，凯恩斯的绝对收入假说很好地解释了计划经济时期的消费者行为（臧旭恒，1994），但是在解释经济过渡时期的消费者行为时，却出现了严重的局限（齐天翔，2000）。随着中国经济体制改革的不断深入，人们的消费行为也发生了重大变化，多数学者开始认为中国居民的消费行为在改革开放前后并不能用同样的理论给予解释。其次，关于相对收入假说的研究，只有厉以宁（1992）和臧旭恒（1994）对这种假说进行了实证分析，他们认为相对收入假说可以很好地解释改革前的消费行为，但是在经济转型时期，尽管它的功能比绝对收入假说更好，但也是不够的。因为相对收入假说如果可以完全解释过渡时期的居民消费，那么收入差距则应该会使居民降低储蓄水平进而增加消费支出，但这样的结论明显与中国的事实不符。因此，相对收入假说在解释过渡时期中人们的消费时具有一定的局限性。最后，不少学者利用 LC-PIH 解释过渡时期的居民消费行为（厉以宁，1992；臧旭恒，1994；赵志君，1998），这些学者利用 LC-PIH 对中国居民的消费-储蓄行为进行实证研究，普遍认为 LC-PIH 能很好地解释过渡时期的消费行为，但是该理论的关于"一个人在接近生命尽头的过程中，其边际消费倾向会变得越来越高"的主张与中国的现实情况却相差甚远，因为中国人节约不仅是为了自己，也是为了他们的孩子，随着年龄的增长，他们往往变得越来越节俭（张杰，1997）。

进入 21 世纪以来，国内学者对消费的研究逐渐深入。一是整体消费不足的相关研究。朱国林等（2002）指出收入分配严重不均是导致我国总消费不振的一个重要原因，由于收入分配不可能迅速改善，我国的消费不振可能是一个长期问题。方福前（2009）认为居民之间的收入差距扩大也是中国居民消费需求不足的原因，

[①] Deaton（1991）和 Carroll（1994）指出这种储蓄的重要作用在于在低收入时期能维持正常的开支，而且在高收入时期增加开支。

但是中国居民的消费需求不足的主要原因是国民收入分配格局不断向政府部门倾斜，居民收入在国民收入分配中的比重不断降低。二是居民收入与消费之间的研究。李锐和项海容（2004）指出农村居民的消费支出主要取决于持久性收入水平，但暂时性收入对消费支出也有一定程度的影响。杜海韬和邓翔（2005）指出当期收入仍是决定我国居民消费的主要因素，消费的随机游走假说不成立。高梦滔等（2008）利用微观面板数据检验了农户消费行为的持久收入假说、生命周期假说和流动性约束假说，他们发现上述三个假说都能在一定程度上解释中国农民的消费行为，却都难以对农民消费进行全面的诠释。王健宇和徐会奇（2010）指出，在收入值既定的情况下，收入性质的差异会使农民消费表现出显著不同的消费行为特征；收入增长性和收入永久性对农民消费有显著的正向影响，收入增长性和收入永久性的提高会促进农民消费；收入不确定性对农民消费有显著的负向影响，在一定程度上抑制了农民消费。温涛等（2013）对农民收入结构与消费结构之间的关系进行了研究，其结果表明农民的各项收入对各项消费作用强度存在明显差异，但是家庭经营性收入仍然是其分项消费支出的最主要影响因素。三是城乡居民消费差异的比较和城乡消费差距研究，如雷钦礼（2003）、杜海韬和邓翔（2005）、臧旭恒和裴春霞（2007）、胡日东等（2014）等。雷钦礼（2003）在考虑储蓄效用、消费效用和习惯刚性等因素的基础上提出了增量效用函数，对中国农村居民和城镇居民的消费行为进行分析和研究。臧旭恒和裴春霞（2007）的研究表明，中国城镇居民中受流动性约束者的比重大于农村居民，而农村居民的长期收入弹性系数也较城镇居民高一些。胡日东等（2014）指出中国城乡居民收入差距扩大会提高城市居民在食品消费上的支出比例，降低城市居民在居住消费上的支出比例；同时会提高农村居民在交通通信消费上的支出比例，降低农村居民在家庭设备及用品和其他消费上的支出比例。徐敏和姜勇（2015）的研究表明，中国城乡消费差距存在显著的空间集聚性，产业结构升级能有效缩小城乡消费差距，但在不同时期、不同区域，作用效果存在差异。

通过上述文献梳理可以发现，第一，西方消费行为理论给予了本书充分的理论借鉴，如果简单地照搬这些理论，中国的具体国情也会因此面临不同的约束。因为西方的消费行为理论都是基于社会制度相对稳定这一基础而展开的，也就是说社会不存在重大改革，但是这一前提条件明显与我国的现实情况不符，因为中华人民共和国成立以来经历了由计划经济向市场经济的转变，并且长时期推行了城市偏向的发展战略。而当前，我国经济发展进入新阶段，改革进入攻坚期和深水区，社会经济体制发生了重大变化，因此，城乡居民消费动机的产生背景存在明显的不一致。第二，国内学者对城乡居民消费的相关研究，要么从整体层面对各自的消费水平进行分析，要么对当前城乡居民消费行为的演化关注不够，更无法揭示城乡居民消费行为的差异和制约农村居民消费扩张的结构性因素。第三，由于我国的改革属于渐进式改革，经济体制处于一个不断变化的过程之中，城乡居民的消费行为和消费动机也会随之改变，这些变化就导致了不同经济时期的数据在时序上具有一定的不可比性，这无疑会加大结论的误差。鉴于此，本章将分别采用我国"七五""八五""九五""十五""十一五""十二五"时期的期中省域截面数据，利用非线性最小二乘法对城乡居民总收入与总消费和消费结构、收入结构与总消费之间进行跨时期分析，旨在深入探索城乡居民消费行为的具体变化规律和时期差异，以及产生这些变化和导致这些差异的深层次原因，最后在此基础上提出优化我国农村居民收入结构和消费结构的对策措施。

6.3 研究方法、数据的选取与说明

6.3.1 研究方法的选取与说明

由于当前对居民收入与消费之间、居民收入与消费结构之间、居民收入结构与消费之间的非线性分析及其相关问题的关注仍然不足，难以揭示城乡居民消费行为与消费结构之间的差异和制约农村居民消费扩张的结构性因素。

对于非线性回归模型，除了使用最大似然估计法（maximum likelihood estimation，MLE），还可以使用非线性最小二乘法。考虑以下线性回归模型：

$$y_i = g(x_i, \beta) + \varepsilon_i, \quad i = 1, 2, \cdots, n \quad (6-1)$$

式中，β 表示 K 维未知（真实）参数向量，而 $g(\cdot)$ 是 β 的非线性函数，且无法通过变量转换变为 β 的线性函数。如果 $g(x_i, \beta) = x_i^T \beta$，则回到古典线性回归模型。记 $\tilde{\beta}$ 为 β 的一个假想值（hypothetical value），其对应的残差为 $e_i = y_i - g(x_i, \tilde{\beta})$。非线性最小二乘法通过选择 $\tilde{\beta}$ 的方式使残差平方和最小：

$$\min_{\tilde{\beta}} \text{SSR}(\tilde{\beta}) = \sum_{i=1}^{n} e_i^2 = \sum_{i=1}^{n} \left[y_i - g(x_i, \tilde{\beta}) \right]^2 \quad (6-2)$$

最小化的一阶条件为

$$\frac{\partial \text{SSR}(\tilde{\beta})}{\partial \tilde{\beta}} = -2 \sum_{i=1}^{n} \left[y_i - g(x_i, \tilde{\beta}) \right] \frac{\partial g(x_i, \tilde{\beta})}{\partial \tilde{\beta}} = 0 \quad (6-3)$$

然后，我们可以进一步把式（6-3）进行简化，于是得

$$\sum_{i=1}^{n}\left[y_i - g(x_i, \tilde{\beta})\right]\frac{\partial g(x_i, \tilde{\beta})}{\partial \tilde{\beta}} = 0 \qquad (6\text{-}4)$$

$$\sum_{i=1}^{n} e_i \frac{\partial g(x_i, \tilde{\beta})}{\partial \tilde{\beta}} = 0 \qquad (6\text{-}5)$$

式（6-5）是一个有 K 个方程和 K 个未知数的非线性方程组，满足这个非线性方程组的估计量被称为非线性最小二乘估计量，记为 $\tilde{\beta}_{NLS}$。式（6-5）表明残差向量 e 与 $\dfrac{\partial g(x_i, \tilde{\beta})}{\partial \tilde{\beta}}$ 正交，而不是与 x 正交①。这个非线性方程组通常没有解析解，必须使用数值迭代的方法进行求解。

据此，我们可以设置如下的非线性居民消费函数：

$$C_t = \beta_1 + \beta_2 Y_t^{\beta_3} + \varepsilon_t \qquad (6\text{-}6)$$

式中，C_t 表示居民第 t 年的消费水平；Y_t 表示居民第 t 年的收入水平。显然，这一函数中包含了三个未知参数（β_1、β_2、β_3），即 $K=3$。因为参数 β_1、β_2、β_3 均是未知的，所以式（6-6）是非线性回归。可以得知，如果式（6-6）中的 $\beta_3=1$，则式（6-6）为线性回归；如果 $\beta_3<1$，则式（6-6）为非线性回归，说明居民的边际消费倾向随着收入的增加而递减；如果 $\beta_3>1$，则式（6-6）同样为非线性回归，表示居民的边际消费倾向随着收入的增加而递增。

同样的道理，我们可以根据式（6-6）进一步设置如下的居民收入结构与消费及居民收入与消费结构之间的非线性函数：

$$C_t = \beta_1 + \beta_2 Y_{1t}^{\beta_3} + \beta_4 Y_{2t}^{\beta_5} + \beta_6 Y_{3t}^{\beta_7} + \beta_8 Y_{4t}^{\beta_9} + \varepsilon_t \qquad (6\text{-}7)$$

$$C_{it} = \beta_1 + \beta_2 Y_t^{\beta_3} + \varepsilon_t \qquad (6\text{-}8)$$

式中，C_t 表示居民第 t 年的消费水平；Y_{1t} 表示第 t 年的居民人均工资性收入；Y_{2t} 表示第 t 年的居民人均家庭经营性收入；Y_{3t} 表示第 t 年的居民人均财产性收入；Y_{4t} 表示第 t 年的居民人均转移性收入。式（6-8）中 $i=0,1,\cdots,8$，因此，$C_{0t}, C_{1t}, \cdots, C_{8t}$ 分别表示第 t 年的居民总消费水平以及食品、衣着、居住、交通通信、家庭设备及用品、文教娱乐、医疗保健和其他消费水平。

6.3.2 样本和数据

为了全面对比城乡居民消费的演化规律，我们依次选取 1987 年、1992 年、1997 年、2002 年、2007 年及 2012 年的全国 31 个省区市（不包含港澳台）的截面数据，

---

① 残差向量 e 与 x 正交表示线性回归的情形。

利用非线性最小二乘法分别对农村和城镇居民总收入与总消费和消费结构、收入结构与总消费之间的关系进行跨时期分析。同时，我们将改革开放前（1952~1977年）和改革开放后（1978~2013年）的时间序列数据分别对城乡居民收入与消费进行非线性估计。由于1978年以前的城镇居民可支配收入数据缺失，我们利用职工工资总额与城镇居民的比值予以代替。实证分析所使用的数据均分别以1978年城乡居民物价表示，数据均来自国家统计局网站和《新中国五十年统计资料汇编》。图6-1清楚地展示了我国1997年和2012年全国的农村居民和城镇居民消费构成，容易看出，农村居民和城镇居民消费的各构成部分都趋于上升状态，但是农村居民消费基数较低，整体来看，城镇居民各项消费支出的上升幅度和总量均远远高于农村居民。对于农村居民来说，上升较快的消费类别主要为食品、居住、交通通信、家庭设备及用品、医疗保健，衣着、文教娱乐和其他消费均处于上升相对较慢的状态；对于城镇居民来说，上升较快的主要是食品、衣着、文教娱乐、交通通信消费支出，而居住、家庭设备及用品、医疗保健和其他消费相对来说上升较慢。

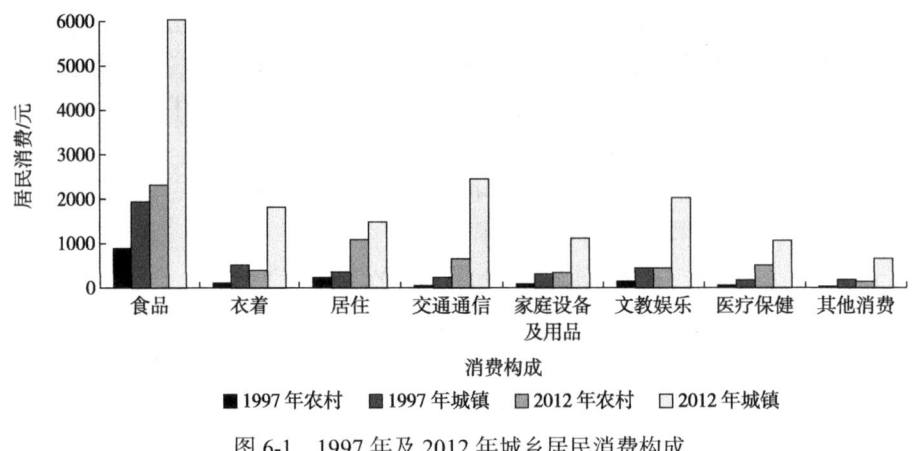

图 6-1　1997年及2012年城乡居民消费构成

6.4　计 量 分 析

6.4.1　城乡居民总体消费状态的非线性参数估计

根据式（6-6）设置的非线性居民消费函数，我们进一步分别对城镇居民和农村居民收入与消费之间的因果关系进行参数估计。参数估计过程中,为了避免截面异方差问题,各模型均利用稳健标准差进行估计。由表6-1可知,关于农村居民总收入与其总消费的各非线性参数估计结果表明,除改革开放前的非线性参数 β_3 的 P 值为0.106之外,其他时期的非线性参数 β_3 的 P 值均为0.000,这说明我国改革开放前的农民收入与消费之间并不遵循非线性特征。而改革开放后,针对农村居民的非线性消费函数的模型设定具有合理性,对农村居民收入与消费之间的线性关系设定则过于简化了。事实上,由于农村居民消费的各个模型的参数估计值 β_3 的系数均远远大于1,并且从"七五"时期至"十二五"时期表现出明显的先逐渐增大后缓慢缩小的趋势。这说明改革开放后,我国农村居民的边际消费倾向并没有遵循一般的线性消费函数的假设下"边际消费倾向随着收入的增加而递减"的结论,反而是随着收入的增加而明显递增。导致这一现象的主要原因是改革开放以来的农民收入起点低,并且农民收入增长不连续、不稳定,从图6-2可以明显看出,农村居民人均纯收入增速在1978~1984年经历了"超常规增长"(年均增速为14.06%)之后,紧接着便在1985~2003年经历了长时期的剧烈波动(年均增速仅有4.17%,且有连续12年低于城镇居民可支配收入增速,其中1996年为13.12%,1989年为-7.48%),之后才得到逐渐回升。

表6-1 城乡居民总收入水平与其总消费水平的非线性参数估计结果

时期	农村居民				城镇居民			
	β_1	β_2	β_3	$\bar{R}^2$	β_1	β_2	β_3	$\bar{R}^2$
"七五"时期: 1987年	95.8* (0.058)	0.0522 (0.642)	1.404*** (0.000)	0.9414	255.1* (0.070)	0.009 (0.806)	1.614*** (0.007)	0.8531
"八五"时期: 1992年	139.4*** (0.000)	0.011 (0.480)	1.608*** (0.000)	0.9567	65.2 (0.584)	0.470 (0.453)	1.068*** (0.000)	0.9794
"九五"时期: 1997年	173.9*** (0.000)	0.008 (0.464)	1.624*** (0.000)	0.9431	-135.9 (0.666)	2.224 (0.605)	0.878*** (0.001)	0.9763
"十五"时期: 2002年	266.9*** (0.000)	0.000 (0.716)	2.218*** (0.000)	0.9363	373.8 (0.319)	0.058 (0.772)	0.905*** (0.003)	0.9555
"十一五"时期: 2007年	395.7*** (0.000)	0.001 (0.774)	2.005*** (0.000)	0.9183	461.7 (0.494)	0.101 (0.805)	0.914** (0.012)	0.9498
"十二五"时期: 2012年	483.2*** (0.002)	0.014 (0.658)	1.453*** (0.000)	0.9159	54.0 (0.970)	1.313 (0.806)	0.919** (0.037)	0.9189
改革开放前: 1952~1977年	51.6* (0.088)	0.009 (0.863)	1.885 (0.106)	0.8431	198.0*** (0.000)	0.001 (0.925)	4.784** (0.013)	0.6779
改革开放后: 1978~2013年	117.9*** (0.000)	0.077 (0.326)	1.309*** (0.000)	0.9874	130.6*** (0.000)	1.020*** (0.000)	0.947*** (0.000)	0.9968

注:表中括号内结果表示 P 值

***代表在1%的显著性水平下显著,**代表在5%的显著性水平下显著,*代表在10%的显著性水平下显著

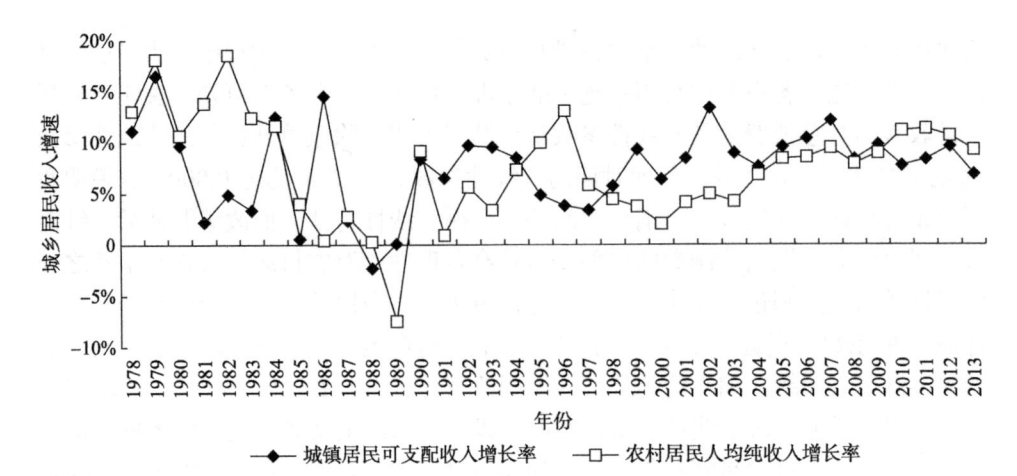

图 6-2 1978~2013 年我国城乡居民收入增长率变化趋势（实际值）

针对城镇居民而言，各消费模型中 β_3 的 P 值均小于 0.05，但是 β_3 的系数在各时期表现出了明显的差异，其中"七五"时期、"八五"时期及改革开放前的 β_3 的系数均大于 1；相反，改革开放后及"九五"时期至"十二五"时期的 β_3 的系数均小于 1。这说明我国城镇居民的边际消费倾向在"九五"时期以后表现较为稳定，其边际消费倾向完全遵循了随着收入增加而递减的规律。究其原因，"八五"时期以前，城镇居民收入初始水平仍然相对较低，其各年增长速度同样表现出了极大的波动性；"八五"时期以后，经济体制已基本完善并正常运行，城市经济和城镇居民收入得到平稳和快速增长。

对于城乡居民消费行为的差异，我们的解释是：一方面，改革开放以来，随着农村改革的成功和社会主义市场经济体制的逐步建立与市场化改革的不断深入，城镇和农村居民的收入都得到了不断提高，导致城乡居民的消费行为发生了根本性变化，但是农村居民由于收入的局限，其消费升级（主要是指从基本生活需求型消费向发展与享受型消费过渡这一过程）要远远滞后于城镇居民。另一方面，改革开放以来的农村经济改革充满了不确定性，这种不确定性和不适应性的直接后果是城乡居民收入增长不平等和城乡居民收入差距持续扩大，最终也渗透到了农村居民的消费行为中。由表 6-2 可以明显看出，无论是改革开放前，还是改革开放后，抑或是各五年计划时期，城乡居民收入的实际增长情况都存在差别。就城乡居民收入实际年均增长率而言，城镇居民收入实际年均增长率与农村居民收入实际年均增长率之间的差别在改革开放前较大，而改革开放后却微乎其微（7.61%和 7.52%，只相差 0.09 个百分点）；"十二五"时期的农民收入实际年均增速明显高于城镇居民，而"七五"时期、"八五"时期、"十五"时期和"十一五"时期的农民收入实际年均增速均小于城镇居民，两者在"九五"时期的差别较小。但就城乡居民收入实际年均增速的稳定性而言，城乡居民收入增长的差别之大则一目了然，其中城镇居民收入实际增长率的最大值、最小值、极差、标准差和变异系数都小于农村居民，这说明一边是城镇居民收入在增长与回落之间平稳过渡，另一边是农村居民收入不断地经历着"过山车"式的潮起潮落。

表 6-2 1952～2013 年各阶段城乡居民收入实际年均增速的变化情况

居民类型	改革开放前：1952～1977年	改革开放后：1978～2013年	"七五"时期：1986～1990年	"八五"时期：1991～1995年	"九五"时期：1996～2000年	"十五"时期：2001～2005年	"十一五"时期：2006～2010年	"十二五"时期：2011～2013年
农村	2.17%	7.52%	1.04%	5.46%	5.87%	5.75%	9.25%	10.46%
城镇	4.13%	7.61%	4.61%	7.83%	5.76%	9.64%	9.73%	8.34%

注：改革开放前城镇居民可支配收入以职工工资总额除以城镇人口表示，下同；城乡居民收入实际增长情况均以1978年物价表示

6.4.2 城乡居民收入结构与其消费水平的非线性参数估计

前文深入揭示了城乡居民可支配（纯）收入与总消费之间的关系，但是居民收入来源是多样化的，不同来源的收入（其分类通常称为收入结构）对其消费的影响可能存在很大的差异。为了进一步了解城乡居民收入结构与消费之间的关系，我们基于式（6-7）的模型设定，利用"九五"时期至"十二五"时期的省级截面数据分别对城镇居民和农村居民的收入结构与总消费水平进行非线性的参数估计，结果如表 6-3 所示。对农村居民而言，β_3 和 β_5 的 P 值在各时期均显著，但是两者的显著性存在明显的差异，并且 β_3 的系数值明显小于 β_5 的系数值，但两者的系数都大于 1；β_7 和 β_9 的 P 值在各时期均不显著。这说明农民工资性收入和家庭经营性收入与消费之间存在明显的非线性关系，农民的边际消费随农民的工资性收入和家庭经营性收入的递增而增加；相反，农民的财产性收入和转移性收入与消费之间的非线性关系不显著。对城镇居民而言，β_3、β_5 和 β_9 的 P 值在各时期均显著，但是三者的显著性存在明显的差异，并且 β_3 的系数值明显大于 β_5 和 β_9 的系数值，但三者的系数都小于 1，β_7 的 P 值在各时期均不显著。这说明城镇居民工资性收入、家庭经营性收入和转移性收入与消费之间存在明显的非线性关系，其边际消费随工资性收入、家庭经营性收入和转移性收入的增加而降低；相反，财产性收入与消费之间的非线性关系不显著。

表 6-3 城乡居民收入结构与消费的非线性估计结果

收入	"九五"时期:1997年 农村	城镇	"十五"时期:2002年 农村	城镇	"十一五"时期:2007年 农村	城镇	"十二五"时期:2012年 农村	城镇
工资性收入：β_3	1.394*** (0.000)	0.941* (0.076)	1.180*** (0.002)	0.931** (0.045)	1.154*** (0.000)	0.915** (0.013)	1.129*** (0.002)	0.970* (0.073)
家庭经营性收入：β_5	1.883* (0.091)	0.015*** (0.002)	1.854* (0.077)	0.018* (0.097)	1.835* (0.064)	0.054* (0.084)	1.823* (0.082)	0.022* (0.067)
财产性收入：β_7	0.008 (0.635)	1.286 (0.332)	1.212 (0.678)	1.016 (0.998)	1.138 (0.304)	1.231 (0.745)	1.440 (0.403)	2.707 (0.749)
转移性收入：β_9	0.819 (0.630)	0.026*** (0.008)	3.665 (0.296)	0.023*** (0.005)	7.197 (0.958)	0.021*** (0.000)	0.015 (0.110)	0.019*** (0.001)

注：本表中括号内结果表示 P 值。由于我们重点在于比较各模型的非线性估计效果，因此本表只列出了各项收入对应的 β_3、β_5、β_7 和 β_9，省略了 β_1、β_2、β_4、β_6、β_8 的估计结果。由于国家统计局网站只公布了 1993 年以来各地区的农民收入结构数据，因此本表没有"八五"时期（1992 年）的估计结果

***代表在 1%的显著性水平下显著，**代表在 5%的显著性水平下显著，*代表在 10%的显著性水平下显著

针对上述结论，我们的解释是：农民工资性收入和家庭经营性收入作为两种最主要的收入来源，截至 2013 年，两者占农民人均纯收入的比重一直维持在 87% 以上，因此农民的工资性收入和家庭经营性收入自然对扩大农村消费有着举足轻重的作用（表 6-4）。与此同时，农民的财产性收入和转移性收入之和占总收入的比重一直都处于一个相对低下的状态，两者的上升幅度并不明显，直到 2009 年两者占总收入的比重才超过 10%，2013 年也只有 12.11%，再加上农民的转移性收入和财产性收入具有暂时性、非传统收入和不可持续性等特征，从而直接决定了两者对农民消费的拉动作用十分有限。但是，我们应该看到 2004 年以来，国家的强农惠农富农支农政策力度不断加大，农村土地制度和集体产权制度改革不断深入，农业家庭经营模式不断创新，农民转移性收入和财产性收入的潜在增长力度必然会得到充分的保障，两者在农民人均纯收入中的比重也将会进一步提升，在推动农村居民消费增长过程中的作用必将进一步增强[①]。对城镇居民而言，其工资性收入和转移性收入一直都是两种最主要的收入来源，虽然工资性收入占比在不断下降，但是转移性收入占比基本上保持了稳定的上升趋势，两者占比一直维持在 87% 以上，并且工资性收入占比一直在 60% 以上（表 6-4），所以工资性收入和转移性收入对城镇居民消费的拉动作用最为明显；除此之外，城镇居民的家庭经营性收入和财产性收入占比整体呈上升态势，但是上升的幅度都较小，财产性收入对消费的拉动作用不显著。

---

① 统计资料显示，2004 年以来，农民的财产性收入和转移性收入的实际增长率正在成为农民增收的亮点，在农民收入增长"十连快"期间（2004~2013 年），农民的财产性收入和转移性收入的年均实际增速分别为 12.39% 和 19.44%，分别超过农民人均纯收入实际年均增速 3.09 个百分点和 10.14 个百分点。

表 6-4 部分年份城乡居民收入结构份额比较

年份	农村居民				城镇居民			
	工资性收入	家庭经营性收入	财产性收入	转移性收入	工资性收入	家庭经营性收入	财产性收入	转移性收入
1997	24.6%	70.5%	1.1%	3.8%	73.2%	3.2%	2.4%	21.2%
2002	33.9%	60.0%	2.0%	4.0%	70.2%	4.1%	1.3%	24.5%
2005	36.1%	56.7%	2.7%	4.5%	68.9%	6.0%	1.7%	23.4%
2012	43.5%	44.7%	3.2%	8.7%	64.3%	9.5%	2.6%	23.6%
2013	45.2%	42.7%	3.3%	8.8%	64.1%	9.5%	2.7%	23.7%

注：本表数据因进行了四舍五入，存在比例合计不等于100%的情况

6.4.3 城乡居民收入水平与其消费结构的非线性参数估计

由于居民的消费包括食品、衣着、居住、家庭设备及用品、交通通信、文教娱乐、医疗保健及其他消费八类，我们利用式（6-8）进一步对"八五"时期至"十二五"时期的城乡居民收入与各项消费之间的因果关系再次分别进行非线性参数估计。由表6-5可知，对农村居民而言，除了"十一五"和"十二五"期间农民收入与其他消费之间的参数估计不显著以外，其余时期的农民收入与各项消费之间的参数估计值均显著为正，并且其系数均大于1（"八五"时期的收入与食品消费的估计结果除外）。这说明随着农民总收入的不断增长，其收入的边际消费倾向呈现出递增的现象。另外，我们将表6-5的参数估计结果进行横向对比可以发现，"八五"至"十二五"期间，在农民的食品、衣着、居住、家庭设备及用品、文教娱乐和医疗保健的消费支出模型中，β_3的系数均显著为正且几乎都大于1，除此之外，其系数都呈现出先增大后降低的趋势；在交通通信支出模型中，β_3的系数同样均显著为正且大于1，但是其变化趋势是先增大后减小再增大；其他消费支出模型中，β_3的系数表现出逐渐降低的趋势。纵向对比可以发现，农民的各项基本生活需求型消费模型中，β_3的系数基本都会明显大于各项非基本生活需求型（发展与享受型）消费结构模型中β_3的系数，特别是居住消费模型的β_3的系数要比所有消费需求模型中的β_3的系数都要大。这一结论很好地说明了当前农民的收入对基本生活消费需求的拉动性更强，同时间接反映出了农民生活改善的重心仍然为食品、衣着、居住、交通通信这些基本生活需求的领域，而农民消费结构存在明显不合理的现象。

表 6-5　城乡居民收入水平与其消费结构的非线性回归结果

消费		"八五"时期：1992年 农村	"九五"时期：1997年 农村	"十五"时期：2002年 农村		"十一五"时期：2007年 农村		"十二五"时期：2012年 农村	
					城镇		城镇		城镇
居民的基本生活需求型消费	食品	0.996*** (0.001)	1.143*** (0.000)	1.738** (0.010)	0.262 (0.697)	1.488** (0.029)	1.186 (0.144)	1.202*** (0.005)	1.108 (0.208)
	衣着	1.630*** (0.003)	1.456*** (0.004)	1.667** (0.018)	0.037* (0.086)	2.174*** (0.001)	3.751 (0.213)	1.502** (0.047)	0.400 (0.891)
	居住	2.029*** (0.000)	2.591*** (0.000)	4.633*** (0.000)	2.113 (0.137)	2.783*** (0.001)	0.036*** (0.000)	1.896** (0.017)	0.035*** (0.000)
	交通通信	1.060*** (0.006)	1.764*** (0.000)	1.580*** (0.001)	0.037*** (0.000)	1.455*** (0.000)	0.152 (0.838)	1.853*** (0.000)	1.198 (0.232)
居民的发展与享受型消费	家庭设备及用品	2.663*** (0.000)	2.212*** (0.000)	2.684*** (0.000)	1.114 (0.450)	2.651*** (0.001)	1.603 (0.166)	1.562*** (0.004)	0.985* (0.069)
	文教娱乐	1.130** (0.010)	1.154*** (0.004)	2.157*** (0.000)	2.357** (0.045)	1.738*** (0.003)	1.499*** (0.001)	1.097** (0.045)	1.120* (0.089)
	医疗保健	1.162** (0.030)	1.526*** (0.002)	1.951*** (0.006)	4.439* (0.075)	2.723*** (0.000)	0.422 (0.867)	1.611** (0.030)	0.035** (0.048)
	其他消费	3.678*** (0.002)	1.542*** (0.001)	1.332* (0.081)	2.015** (0.094)	1.256 (0.173)	3.995*** (0.000)	0.754 (0.158)	3.269*** (0.000)

注：本表中括号内结果表示 P 值
***代表在1%的显著性水平下显著，**代表在5%的显著性水平下显著，*代表在10%的显著性水平下显著

出现以上结果的主要原因在于：一方面，相对于城镇而言，农村的基础设施仍然落后，社会保障缺失，而无社会保障的人群必然缺乏"安全感"，其预防性储蓄意愿自然较高，因此，应尽快推广和完善农村社会保障制度，尤其是提高农村家庭社会保障覆盖率，消除农民消费的"后顾之忧"，实现全体居民"困有所救""病有所医""老有所养"（方匡南和章紫艺，2013），最终才能从根本上保障农村居民消费结构的合理升级。另一方面，社会底层特别是农民及农民工家庭的子女，通过教育实现"从贫困走向富裕"的道路越来越受阻，人们向上流动的动力也越来越小，成本也越来越高，总体上看，渠道大有变窄的趋势[①]，因此其直接反应就是农村家庭孩子的高中及以上入学率极低。我们的调查数据表明，2013年的外出务工家庭中15~20岁和21~30岁的外出务工人群占比分别为12.32%和34.58%；而在 15~20 岁的务工人群中，小学毕业人数占比 16.24%，中学毕业人数占比 68.41%，高中毕业人数占比 15.35%；在 21~30 岁的务工人群中，小学毕业人数

---

① 陈琳和袁志刚（2012）指出父代既可以通过投资于子代的人力资本，以提高子代获取收入的自身能力（授之以渔），也可以通过权力寻租和积累财富，提升子代的社会资本和财富资本，以直接提高子代收入（授之以鱼），结果证明了"授之以渔"不如"授之以鱼"这一现象的存在，将可能导致社会大众为提高子代福利而过度投资于社会资本和财富资本，并相对挤出对人力资本的投资。

占比 23.20%，中学毕业人数占比 54.45%，高中毕业人数占比 20.23%，大学专科、本科及以上毕业人数占比 3.12%。

相比较而言，城镇居民的收入与各项消费在各时期的非线性参数估计并未表现出明显的规律性，其中仅有文教娱乐和其他消费模型中的 β_3 的系数在"十五"时期至"十二五"时期均显著为正且大于 1，这一结论说明了城镇居民在文教娱乐和其他消费方面的边际消费倾向于随收入的增加而递增。这一可能解释如下：居民的食品、衣着、居住、交通通信消费是基本生活需求型消费，而城镇居民的收入水平早已能满足其基本生活需求，因此城镇居民的基本生活需求型消费的非线性均不显著或者明显不满足非线性标准；家庭设备及用品、文教娱乐、医疗保健和其他消费作为居民的发展与享受型消费，这几类消费是居民在满足基本生活需求型消费之后重点提升的对象，因此可以说城镇居民对此类消费具有明显的刚性需求；由于文化教育消费属于一种长期投资，城镇地区的教育资源和教育水平均要远远高于农村地区，城镇居民对文化教育的重视程度也要明显高于农村；另外，城镇地区的基础设施更为健全，消费市场更为广阔，消费产品更为多样，因此城镇居民对娱乐和其他消费支出会增加。

6.4.4 城乡居民消费结构对比分析

由于我国特殊的"城乡二元经济结构"，城乡经济发展水平乃至城乡居民收入都存在较大的差异，这就决定了城乡居民消费结构之间也存在较大的差异。表 6-6 展示了我国"八五"时期至"十二五"时期部分年份的农村居民和城镇居民消费构成部分所占比重。从食品、衣着、居住、交通通信这四个方面的基本生活需求型消费来看，我国农村居民的食品和居住消费所占比重明显高于城镇居民，而衣着和交通通信的消费支出占比明显低于城镇居民。其中，就食品消费而言（此处并没有考虑城乡居民食品消费结构之间的差异），农村居民和城镇居民的食品消费所占比重都处于一个稳定的下降趋势，但是到 2012 年农村居民的食品消费所占比重仍然接近 40%；就居住消费而言，农村居民居住消费所占比重明显高于城镇居民，且除 1990 年外，农村居民居住消费占比在各年中表现出明显的上升趋势，而城镇居民居住消费占比在 21 世纪有下降的趋势；就衣着消费而言，城镇居民和农村居民的该项消费占比都相对稳定，前者明显大于后者；就交通通信消费而言，城镇居民和农村居民的该项消费占比均呈现出了快速上升的趋势。从发展与享受型消费来看，农村居民的这类消费所占比重明显低于城镇居民，但是 2012 年的医疗保健消费除外。

表 6-6 我国农村居民与城镇居民消费构成比

居民类别	年份	基本生活需求型消费				发展与享受型消费			
		食品	衣着	居住	交通通信	家庭设备及用品	文教娱乐	医疗保健	其他消费
农村居民	1992	58.05%	7.18%	13.88%	2.26%	5.81%	7.59%	3.53%	1.70%
	1997	55.05%	6.76%	14.42%	3.33%	5.28%	9.16%	3.86%	2.12%
	2002	46.25%	5.72%	16.37%	7.01%	4.38%	11.46%	5.66%	3.15%
	2007	43.08%	6.00%	17.80%	10.19%	4.62%	9.48%	6.52%	2.30%
	2012	39.33%	6.71%	18.39%	11.05%	5.78%	7.54%	8.70%	2.50%
		75.48%				24.52%			
城镇居民	1993	50.13%	14.24%	6.63%	3.82%	8.76%	9.19%	2.70%	4.52%
	1997	46.41%	12.45%	8.57%	5.56%	7.57%	10.71%	4.29%	4.44%
	2002	37.68%	9.80%	10.36%	10.38%	6.45%	14.96%	7.13%	3.25%
	2007	36.29%	10.42%	9.83%	13.58%	6.02%	13.30%	6.99%	3.58%
	2012	36.23%	10.94%	8.90%	14.73%	6.69%	12.20%	6.38%	3.94%
		70.80%				29.21%			

注：城乡居民消费构成表示单项消费占总消费的份额，其数据来源于国家统计局网站，最后由作者计算而得。其中 1992 年及以前城镇居民各项消费支出的数据缺失。本表数据因进行了四舍五入，存在比例合计不等于 100% 的情况

由此可以看出，虽然我国严峻的"三农"问题有了一定的好转，农村居民收入和消费水平均得到了一定程度的提升，但是农村居民的消费结构相比城镇居民而言，存在明显的不合理之处。就具体的消费构成来说，农村居民的食品、衣着、居住、交通通信这四个方面的基本生活需求型消费仍然占据着很大的比例（2012 年为 75.48%），而发展与享受型消费所占比例则相对较小（2012 年只有 24.52%）；从食品和居住消费来看，这两项消费之和占据了农村居民总消费的"半壁江山"，仅仅从 2012 年来看，城镇居民的食品和居住消费之和占总消费的比例为 45.13%，而农村居民的这一比例则高达 57.72%；另外，从医疗保健消费来看，农村居民医疗保健消费占比在 2012 年明显高于城镇居民，并且 1991~2012 年的年均增速为 16.52%，比农民总消费的年均增速要高 5.13 个百分点，这说明当前的农民普遍为医疗保健承受着较大的负担。就各项消费的增长率来看，1991~2012 年，无论是消费的年均增长率还是消费增长的稳定性，农民的家庭设备及用品、文教娱乐及交通通信的消费支出都要高于食品、衣着、居住这三个方面的消费支出。因此，当前要启动我国农村消费市场及扩大内需，应确保在有效缓解农村居民消费后顾之忧的基础上（从各方面保障农民收入持续、稳定增长），充分挖掘农村居民在家庭设备及用品、文教娱乐及交通通信等消费方面的潜力。

6.5 城乡居民消费行为差异及农村居民消费结构升级缓慢的根源分析

综上所述，城乡居民消费行为和消费结构之间的巨大差距及农村居民消费结构升级缓慢的根源在于城乡差距。要想消除城乡居民消费行为的这一差异和快速推进农村居民消费结构升级，必须集一切可能的能量，从缩小城乡差距着手。总的来看，直接或间接影响城乡差距的因素大致包括以下几个方面。

6.5.1 城乡居民收入差距

1978~2013 年我国城乡居民收入差距的变化如图 6-3 所示，2013 年城镇居民可支配收入为 26 955.10 元，农村居民人均纯收入为 8895.90 元，城乡居民收入差距的绝对值高达 18 059.20 元（这一绝对差距在 1978 年只有 209.8 元，1992 年为 1242.6 元，2002 年为 5227.17 元，2008 年为 11 020.14 元），而该年的城乡居民收入比高达 3.03，虽然比 2009 年的 3.33 略小，但是仍然远远高于全世界绝大部分国家不到 1.5 的水平。从收入增长速度及增速的稳定性来看，如图 6-2 和表 6-2 所示，1978~2013 年农民收入年均增速略小于城镇居民，但是农民收入各年增速的稳定性却远低于城镇居民。总的来说，农民收入水平比城镇居民落后了几乎 10 年的时间。导致我国城乡居民收入差距较大的原因很多，大量学者认为其根源在于：政府农副产品价格控制、不合理的税费负担、城乡劳动力市场分割、歧视性的社会福利和保障体系等城市偏向型政策（Yang，1999），城乡分割的行政管理制度、城市偏向型的经济和社会政策（陆铭和陈钊，2004），城市偏向的教育经费投入政策和鼓励资本密集型部门优先发展的政府战略（陈斌开等，2010；陈斌开和林毅夫，2013），城乡经济的持续分割（欧阳志刚，2014）。但不可否认的是，农村的家庭联产承包责任制对农业生产的激励效应在农村经济改革后很快达到了极限，这种家庭经营方式的局限让农业和农村经济的发展遭遇"滑铁卢"。与此同时，国家对农产品收购价格的提升又严重受到局限，再加上现行的户籍管理制度进一步造成了城乡居民在社会地位、物质待遇上的巨大差别，严重阻碍了劳动力、资源等在城乡之间的自由流动。其结果是一方面农村因为资源的匮乏,其生产力的发展受到极大限制,造成农业边际生产率的低下,进而减缓了农村居民收入的增长速度;另一方面,城镇经济在不断膨胀过程中,城镇居民收入加速增长,在城乡资源流动受到限制的情况下出现资源的大量浪费。

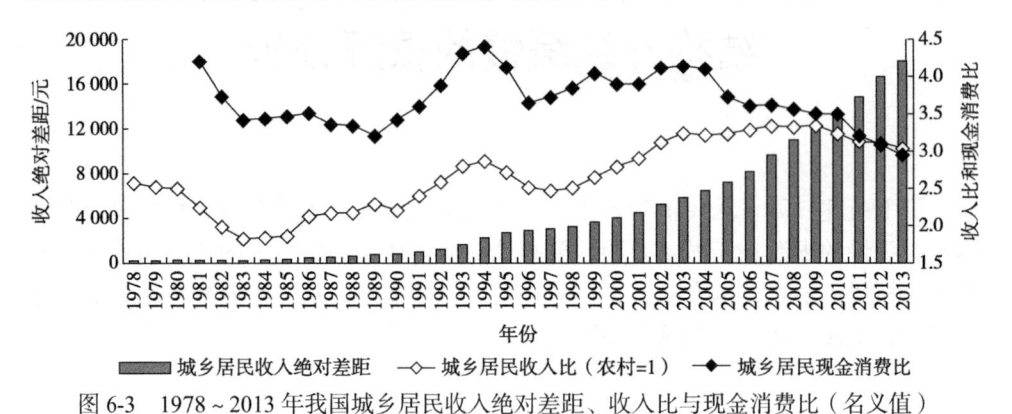

图6-3 1978~2013年我国城乡居民收入绝对差距、收入比与现金消费比(名义值)

6.5.2 城乡居民社会福利差距

与农村居民相比,城镇居民大多可以享受种类繁多的社会福利,如住房补贴、物价补贴和各种社会保险(医疗保险、养老保险、工伤保险、失业保险、最低收入保障)等,但是绝大多数的农村居民都不能享受这些。由于城镇居民以社会福利方式获得的收入大多难以准确估计,而且很多是隐性收入,在此,我们仅以城乡居民的转移性收入进行比较(图6-4)。1985年,城镇与农村居民人均转移性收入分别为114.10元和29.47元,城乡居民人均转移性收入差距绝对值为84.63,两者之比为3.87,这一比值在之后的近20年中"一路高歌猛进",在2003年便达到了史无前例的21.81,之后逐渐下降到了2013年的8.95。城乡居民转移性收入差距为何如此巨大,我们认为其根本动因在于长期以来城乡经济发展的二元结构及随之而来的国家养老保障的二元结构。城乡分割的收入再分配制度导致城乡转移性收入分配差距过大,城镇居民的上述各种社会福利可以享受到政府绝大部分的转移性支付,而广大农村居民则基本上只能享受到政府一些诸如社会救济福利费、救灾支出及微薄的农保金等极少的转移性支付。2013年,城镇居民转移性收入总量为51 285.80亿元,占全部转移性收入的91.23%,而农村居民的转移性收入总量却只有4933.11亿元,仅占全部转移性收入的8.77%;城镇居民人均转移性收入为7014.74元,占其总收入的23.73%,占其可支配收入的 26.02%，同时，农村居民人均转移性收入只有 783.52 元，仅占其人均纯收入的 8.81%，以致当年仅转移性收入差距因素就使城乡居民收入差距扩大了 6226 元，占该年度城乡居民收入绝对差距的 34.48%。这样一来，我国的转移性收入不但没能使城乡居民收入差距过大的问题得到有效缓解，相反的是，明显地助推了城乡居民收入差距的进一步扩大。因此，从长远来看，要缩小城乡居民收入差距必须努力缩小城乡居民转移性收入差距，制定农村老龄人口增收快于城镇老龄人口增收的财政收入转移机制，调整和优化农村养老基金统筹机制，制定城镇居民、农村居民享受养老金收入的基本人均标准，应当有计划、有步骤地缩小城乡居民人均养老金收入差距。

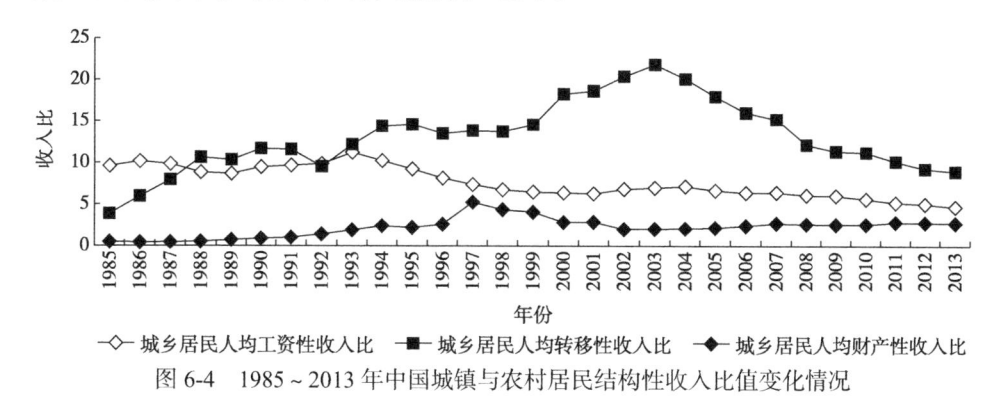

图 6-4　1985~2013 年中国城镇与农村居民结构性收入比值变化情况

6.5.3　城乡居民工资性收入差距

在形成城乡收入差距巨大的收入来源中，虽然工资性收入差距占据着绝对主导地位，但城乡居民人均工资性收入比基本小于人均转移性收入比（图 6-4）。就城乡居民工资性收入差距来看，其中 2013 年，城乡居民工资性收入分别为 18 929.80 元和 4025.40 元，绝对差距高达 14 904.40，比 1985 年扩大了 26.80 倍；对城乡居民收入差距的贡献度为 72.17%，比 1985 年下降了 86.13 个百分点[①]。就城乡居民人均工资性收入比来看，1985 年为 9.60，1993 年上升到了历史最大值的 11.21，之后在小幅波动过程中不断下降，2013 年已经下降到了 4.70。造成城乡居民工资性收入差距巨大而又连续大幅度缩小的根本动因在于长期以来国家产业发展布局的二元结构和城乡分割的劳动力市场逐渐打破。在城市"发展

---

① 我们对城乡居民收入差距（非城乡居民收入比）的来源分解结果表明，1985~2013 年的城乡居民工资性收入差距对城乡居民收入差距的贡献额度位于 72.17%~158.30%，而家庭经营性收入差距对城乡居民收入差距的贡献额度位于 -81.34%~-4.82%。

极"的强大带动作用下,户籍制度的逐渐放开使农村居民快速向城镇转移,城镇居民增长过快,导致城镇居民平均工资的提速远远低于农村居民。统计资料显示,农村就业人口 2013 年末比 1997[①]年减少了 10 302 万人,降幅为 21.01%;与此同时,城镇就业人口则连年增长,2013 年末比 1997 年增加了 17 459 万人,增幅达 84.01%;2006~2013 年,农村就业人口加速向城镇进行转移,八年累计减少了 7521 万人,减幅达 16.26%,而城镇就业人口则累计增加了 9851 万人,增幅为 34.70%。因此,尽管工业化和城镇化的快速推进为城镇 GDP 带来了快速的增长,但是这一增速明显比不上城镇就业人口大幅上升和农村就业人口大幅下降的双重因素影响。此外,我们还应该看到,当前的城乡居民工资性收入比仍然较大,一方面,主要是由于政府对城镇产业的发展具有明显的政策性偏向(如国家财政、金融、外贸等),那些主导产业和有创新能力的行业集中于大城市,以较快的速度优先得到发展(朱子云,2014),使城乡经济发展出现明显的两极分化。另一方面,农村经济和农业生产以农、林、牧、副、渔业为主体,虽然农村工业(主要是乡镇企业)在改革开放以来的这段时间也得到了较快发展,但是由于农村与农业的生产规模小、劳动力素质相对较低、技术落后等,其生产流通的增加值要远远低于城镇,使农村本来就有限的金融资源、人力资本等因为比较优势的驱动,反而理所当然并源源不断地流向城镇而为城镇建设"锦上添花",进而顺理成章地忘却了急需"雪中送炭"的农村和农业经济发展(王小华,2014)。

6.5.4　城乡居民家庭财产拥有状况差距

对于城乡居民的财产拥有状况,目前国内尚无准确和权威的统计,但是,我们可以简单地从城乡居民年末储蓄存款余额来看,城乡居民之间的财产拥有状况相差悬殊。《中国金融年鉴 2013》数据显示,1978 年城乡居民人均储蓄分别只有 90.10 元和 7.10 元,二者之比虽然高达 12.69,但其绝对差距只有 83.00 元;2012 年城乡居民人均储蓄分别增长到了 48 041.14 元和 8507.11 元,二者之比下降为 5.65,绝对差距扩大到了 39 534.03 元。虽然 1978~2012 年的城乡居民人均储蓄水平均有"天量"的增幅(城镇居民和农村居民的人均储蓄水平分别扩大了 533.20 倍和1198.18 倍),城乡居民人均储蓄之比也有所降低,但是两者的绝对差距却是非常惊人的。如果我们按照国家统计局网站公布的数据,2012 年城镇和农村居民

---

① 之所以选择 1997 年作为对比,是因为 1997 年是乡村就业人员人数的最大值。

家庭平均每户家庭人口为 2.9 和 3.9，该年度城镇住户的存款余额高达 139 319.31 元，而农村住户的存款余额却只有 33 177.73 元，可以直观地看出，农村住户的存款余额还不足城镇住户存款余额的 25%。此外，我们同样可以从城乡居民财产性收入差距大致看出城乡居民的财产差别，如图 6-4 所示，1985~2013 年的城乡居民人均财产性收入比及其波动幅度都较小，由 1985 年的 0.50 逐渐攀升到了 1997 年的 5.27，之后逐渐降低并保持平稳，其中，2013 年的城镇居民人均财产性收入为 809.90 元，而同期农村居民的人均财产性收入为 293.00 元，二者之比为 2.76。表面上看，城乡居民人均财产性收入比远远小于城乡居民人均转移性收入比和人均工资性收入比，但绝不容忽视，因为一旦考虑了城镇居民的各种隐性财产收入，这一差距必将更大。

6.5.5 城乡居民的生活水平差距

城乡之间巨大的收入差距最终必然反映到居民的生活水平上。国家统计局资料显示，1981 年我国农村居民家庭人均现金消费支出水平为 108.9 元，2013 年上升到了 6112.9 元，相对于 1981 年扩大了 55.13 倍，年均增速为 13.41%。而 1981 年我国城镇居民家庭人均现金消费支出水平为 456.8 元，到 2013 年为 18 022.6 元，相对于 1981 年扩大了 38.45 倍，年均增速为 12.17%。从中可以看出，1981~2013 年，我国农村居民和城镇居民的人均消费均呈现出了较大的上升趋势，虽然该时间段内的农村居民人均现金消费的年均增速稍稍优于城镇居民，但是农民消费的起点低，其中 1981 年的消费水平不足城镇居民的四分之一，这说明改革开放初期的城乡居民消费差距悬殊。如图 6-3 所示，由城乡居民现金消费比来看，1981 年的城乡居民现金消费比为 4.20，在经历农村经济改革巨大成功后，1989 年城乡消费比便下降到了 3.20，随着中国经济改革重心的转移，城乡消费比又不断扩大，1994 年扩大到了 4.40，在市场经济改革逐渐深入阶段，城乡消费比在不断波动过程中略有下降，但是很快又在 2003 年回升到了 4.13,虽然之后十年均保持着持续、稳定的下降趋势，但是这一差距之大仍然触目惊心，与城乡居民收入比旗鼓相当。大致来说，与城镇居民相比，农村居民的人均消费水平同样要落后十年以上，当然，如果考虑到城乡基础设施的巨大差距和城乡消费品之间的差距，城乡消费差距将会更大。

正是由于城乡之间存在上述巨大差距，现今的居民收入分配格局又明显朝着不利于农村居民的方向不断发展，农村居民的消费水平远远小于城镇居民，城镇居民的消费结构也明显优于前者，这就直接导致了中国居民消费水平一直"提"

而不升。这就意味着，欲转变经济发展方式、实现经济内生增长，必须提高农村居民的消费水平和促使其消费结构转换升级，既要发展农村经济、扩大农村消费市场，又要消除城乡差距，更要优化农民收入结构。

6.6　结论和政策启示

本章采用非线性最小二乘法分别利用我国改革开放前、改革开放后的时序数据和"七五"时期至"十二五"时期的截面数据对城乡居民消费行为及其演化规律进行了跨时期分析，结果发现城乡居民收入与消费之间表现为明显的非线性关系，并没有完全遵循边际消费倾向递减规律。具体表现为：①改革开放前的城镇居民和改革开放后的农村居民的边际消费均随着收入的增加而递增，改革开放后的城镇居民边际消费随收入的增加而递减。②"七五"和"八五"时期，城乡居民的边际消费均随收入的增加而递增；"九五"时期及其以后，城镇居民的边际消费随着收入的增加而递减，相反农村居民的边际消费随收入的增加而递增；从收入结构视角看，农民的边际消费仅随占比最大的两项收入（工资性收入和家庭经营性收入）的增加而递增，城镇居民的边际消费随工资性收入、家庭经营性收入和转移性收入的增加而递减。③虽然我国农村居民的整体消费在一个相对较低的水平上一直都处于不断提升的状态，其消费结构也发生了一定程度的变化，但由于我国农村居民收入增长速度相对缓慢、质量低下和结构的不合理，消费结构的升级相对迟缓，消费结构仍然不合理。④相对于城镇居民收入和消费而言，农村居民的收入结构和消费结构均有待进一步优化，在保障农民家庭经营性收入稳定的前提下，特别应注重农民工资性收入和转移性收入的提高。因此，要启动我国农村消费市场及扩大内需,应确保在有效缓解农村居民消费后顾之忧的基础上（从各方面保障农民收入持续、稳定增长），充分挖掘农村居民在家庭设备及用品、文教娱乐及交通通信等消费方面的潜力。

本章的研究启示：转变经济发展方式首要条件是扩大内需，提高居民的消费水平便成为保增长目标的一大着力点，其中提升农村居民消费便是撬动整个中国经济的重要杠杆。实现上述目标，重点在于要保持一段时期内农民收入的超常规增长，优化农民收入结构、缩小城乡收入差距的同时才能进一步缩小城乡消费差距。

本章强调的是：在中国经济告别长时期两位数增长，转而进入次高增长的新常态阶段，加快结构调整和转型、迎来经济增长转型"最佳时期"的今天，放弃过去那种盲目增加投资的路径，通过提升城乡居民的消费水平，尤其是提升最为广大的农村居民消费水平这一路径，才是推高增长和保增长的正确思维，才是较为明智的发展策略选择。

第7章 政府财政金融支农投入对启动农村消费的作用

7.1 引 言

改革开放以来，中国经济的快速增长取得了世界瞩目的成绩。然而自 2008 年国际金融危机以来，过度依赖出口贸易和投资的发展模式已成为经济持续增长的瓶颈[①]。国外需求市场的疲软，使出口导向型的经济结构受到剧烈的冲击；此外，由于长期以投资拉动经济，中国的投资率已超过社会的最优值（李稻葵等，2012）。由于内外部因素，中国的经济进入了一个新常态，在新常态下，如何扩大内需，尤其是居民的消费，成为中国经济可持续增长的突破点。因此，党的十八大报告明确指出，要"加快建立扩大消费需求长效机制，释放居民消费潜力"[②]。而现实情况却表明，我国的消费率明显偏低（范剑平和向书坚，1999；刘国光，2002；毛中根等，2014）。从国际层面上来看，2015 年中国的消费率不仅低于英国、美国、日本、韩国等发达国家，同时低于印度、巴西等发展中国家（表7-1）；从中国整体消费来看，2000~2015 年我国的最终消费率从 63%下降到 52%，居民消费率从 47%下降到 38%[③]；从最终消费的结构上来看，政府消费占比从 26.2%上升到 26.4%，而居民消费占比却从 73.8%下降到 73.6%；从城乡居民的消费结构来看，

[①] 国际金融危机之后，2008~2009 年中国的出口贸易总额由 100 394 亿元下降到 82 029 亿元；2013 年《国务院关于化解产能严重过剩矛盾的指导意见》明确指出，"2012 年底，我国钢铁、水泥、电解铝、平板玻璃、船舶产能利用率分别仅为 72%、73.7%、71.9%、73.1%和 75%，明显低于国际通常水平"。

[②] 引自 2012 年 11 月 8 日《人民日报》中的文章：《坚定不移沿着中国特色社会主义道路前进　为全面建成小康社会而奋斗》。

[③] 根据 2001~2016 年《中国统计年鉴》计算得出，其中居民消费率为居民消费支出占支出法 GDP 的比率。

城乡之间的消费差距不断扩大，城镇居民的消费率不断攀升，而农村居民的消费率却从 62.1%（1978 年）下降到 22.2%（2015 年）。此外，由于中国政府在医疗、教育等领域上投资严重不足，实际消费水平更低（Aziz and Cui，2007）。通过以上多个层面的分析可以发现，我国消费仍处于低迷状态，尤其是农村消费市场。然而，如何扩大农村消费市场是解决拉动内需、实现经济结构转型的关键。根据传统的消费理论（Keynes，1936；Duesenberry，1949；Modigliani and Brumberg，1954），要提高农村居民的消费水平，必须先提高农村居民的收入。一方面，政府财政支农投入能够提高农村居民的购买力，改善农村消费环境；另一方面，金融支农投入可以通过提高农村居民收入、降低流动性约束、降低金融中介成本等途径有效促进农村居民消费。政府财政金融支农的有效实施对于当前扩大内需保持经济增长、实现经济结构转型具有十分现实的意义。因此，本章将从财政金融支农的视角对农村居民消费进行研究。

表 7-1　2015 年各国消费率

国家	美国	英国	日本	韩国	巴西	印度	中国
最终消费率	83%	84%	76%	64%	84%	69%	52%
居民消费率	68%	64%	57%	49%	64%	59%	38%

资料来源：世界银行 WDI 数据库

回顾相关文献，关于居民消费的问题，国内外学者做了大量的理论和实证研究。国外早期的研究主要从收入的视角对居民消费进行研究，如绝对收入假说（Keynes，1936）、相对收入假说（Duesenberry，1949）、生命周期假说（Modigliani and Brumberg，1954）、持久收入假说（Friedman，1957）。随着消费理论的不断完善，越来越多的证据表明财政金融投入也是影响居民消费水平的重要因素。

关于金融发展对居民消费影响的研究起源于金融抑制论（Goldsmith，1969；McKinnon，1973；Shaw，1973），该理论认为由于发展中国家的政府对金融系统过多的干预，金融的发展受到了抑制，在优先发展工业的背景下，一个国家的消费领域必然受到抑制。同时，Morgan（1962）指出金融的发展使消费者能够通过借贷来满足收入不足时的消费。随后的研究开始从流动性约束的角度进行研究，许多学者的研究表明当消费者存在流动性约束时，如果金融市场无法提供有效的信贷供给，将会抑制消费的增长（Ludvigson，1999；Romer C D and Romer D H，1999）。Jappell 和 Pagano（1989）进一步发现金融欠发达地区的信贷约束对消费的抑制更加明显。Romer 和 Chow（1996）认为当消费者预期到未来将面临流动性约束时，就会降低当期的消费。此外，Bacchetta 和 Gerlach（1997）从利率的角度进行研究发现贷存利率差与社会消费总额呈显著负相关；Levchenko（2005）则发现金融发展可以通过国际风险分散对消费起到平滑作用，从而拉动消费增长。

Herrala（2010）通过对信贷约束的进一步研究发现，信贷约束对耐用品的消费影响较大，而且年轻及文化水平低的群体的消费更容易受到信贷约束的影响。Seck 等（2017）通过研究尼日利亚的数据发现金融服务的普及对不同性别主导的家庭居民消费有正向的影响，但女性主导的家庭居民消费水平比男性主导的家庭居民消费水平低。Keho（2016）通过研究西非经济货币联盟发现信贷对私人部门消费的影响不显著，不能有效促进居民消费。

关于政府财政投入对居民消费的影响，存在着较大的争议，一种观点认为财政支出对居民消费存在着挤入效应，而另外一种观点则认为存在挤出效应[1]。早期的争议主要存在于凯恩斯主义的财政扩张效应及新古典主义的观点[2]，随后的研究主要基于 Bailey（1971）所提出的假说，即政府财政支出所提供的公共商品和服务相当于为私人的消费提供了 θ 个单位的商品，因此当 $\theta<0$ 时，存在挤入效应；当 $\theta>0$ 时，存在挤出效应。西方学者通过对 θ 的检验得出了两种观点：①政府财政支出对居民消费存在挤出效应，即 $\theta>0$（Kormendi，1983；Ho，2001；García and Ramajo，2004）；②政府财政支出对居民消费存在挤入效应，即 $\theta<0$（Barro，1981；Karras，1994；Schclarek，2007）。

国内学者对于财政金融投入对居民消费的影响的研究起步较晚。邹东海和万举（1999）强调在农村消费市场中引入健全的金融体系是解决农村消费问题、开启农村消费市场的关键。隆宗佐和曾福生（2002）、刘广明（2011）也都指出农村消费市场之所以启而不动主要是由于缺乏农村金融的有力支撑，并提出要加快农村金融体系的建设。万广华等（2001）认为流动性约束对居民消费的制约主要是由于金融机构的消费信贷业务不完善。张凯和李磊宁（2006）、杨俊等（2006）通过实证分析发现农村金融对农村居民消费的拉动作用依然滞后。此外，绝大部分学者一致认为财政支农投入能够有效地促进农村居民的消费。魏建等（2011）则将财政支农投入进一步划分为政府投资性、转移性和消费性支出，其中投资性和转移性支出的挤入效应明显，消费性支出对需求的拉动作用有限，并且不同区域存在明显差异。毛其淋（2011）通过动态最优化模型，进一步测算出财政支农支出对农村居民消费的贡献率为 8.72%。与主流观点较为不同的是刘小川和汪利锬（2014）的观点，其研究发现政府支出对居民的消费影响呈现倒"U"形，即先产生挤入效应，再产生挤出效应。陈斌开等（2014）认为金融抑制是居民消费长期低迷的原因。

通过上述文献梳理可以发现，财政金融支农投入对农村居民消费影响的研究

---

[1] 即互补关系和替代关系，由于不同文献表述有所差异，本章统一用挤入效应和挤出效应。
[2] 凯恩斯主义认为财政扩张存在挤入效应；而新古典主义认为财政支出会挤占居民消费，主要是由于当政府进行非生产性支出时，通常会通过税收进行融资，导致居民的预期和收入下降，进而导致消费的下降，即挤出效应。

成果颇为丰富，但基本都是将两者的支农效应进行单独分析，没有从整体上考虑财政金融支农投入对农村居民消费的影响。此外，由于我国地域辽阔，各地区之间的自然条件和经济基础差异较大，财政金融支农投入的效果存在着显著差异，然而充分考虑地域差异的文献也较少。基于此，本章将运用面板数据对财政金融支农投入对农村居民消费影响的总体效应、阶段效应及区域性差异进行深入探索。

7.2 理论模型构建

为了分析财政金融支农投入对农村居民消费的影响，本章在借鉴毛其淋（2011）理论模型的基础上，建立起农村居民消费的动态最优化模型。首先，假设农村居民是同质的，即代表性农村居民的常相对风险规避（coefficient of relative risk aversion，CRRA）效用函数为

$$U(C_t) = \frac{C_t^{1-\theta}}{1-\theta} \qquad (7\text{-}1)$$

式中，C 表示农村居民人均消费支出；θ 表示不变替代弹性。为了便于分析，本章只考虑消费者的有限期行为，因此，农村居民的效用最大化问题便可表示为

$$\max_{C_t} V = \int_0^T \frac{C_t^{1-\theta}}{1-\theta} e^{-\rho t} dt \qquad (7\text{-}2)$$

$$\text{s.t.} \dot{W}(t) = I_t + rW_t + \delta X_t - C_t$$

式中，V 表示农村居民的效用；$e^{-\rho t}$ 表示折现因子；ρ 表示折现率；t 表示时间；I 表示农村居民家庭人均纯收入；W 表示居民财富，X 表示金融支农投入；δ 表示金融支农投入效率；r 表示实际利率。其中 $W(0) = 0$，$W(T) = A$，$C_t \geq 0$，$W_t \geq 0$，A 表示大额刚性支出[①]。因此，Hamiltonian 函数可表示为

$$H_C(t, C_t, W_t, \lambda) = \frac{C_t^{1-\theta}}{1-\theta} e^{-\rho t} + \lambda(t)(I_t + rW_t + \delta X_t - C_t) \qquad (7\text{-}3)$$

式中，C_t 表示控制变量；W_t 表示状态变量。为了便于求解，令 $m(t) = \lambda(t) e^{-\rho t}$，转化为现值 Hamiltonian 函数，即

---

① 大额刚性支出主要指农村居民的农业基础设施投资、住房、教育等大额支出，该支出一般远超当期的收入水平。

$$H_C(t,C_t,W_t,m) = He^{-\rho t}\frac{C_t^{1-\theta}}{1-\theta} + m(t)(I_t + rW_t + \delta X_t - C_t) \quad (7\text{-}4)$$

式中，$m(t)$ 表示共态变量，即拉格朗日乘子，根据最大化原理可得

$$\frac{\partial H_c}{\partial C_t} = C_t^{-\theta} - m(t) = 0 \quad (7\text{-}5)$$

$$\dot{m}(t) = -\frac{\partial H_c}{\partial W_t} + \rho m(t) = (\rho - r)m(t) \quad (7\text{-}6)$$

$$\dot{W}(t) = \frac{\partial H_c}{\partial m(t)} = I_t + rW_t + \delta X_t - C_t \quad (7\text{-}7)$$

由式（7-5）和式（7-6）可得

$$C_t = m(t)^{-1/\theta} \quad (7\text{-}8)$$

$$m(t) = m_0 e^{(\rho-r)t} \quad (7\text{-}9)$$

再将式（7-9）代入式（7-8），便得

$$C_t = m_0^{-1/\theta} e^{(r-\rho)t/\theta} \quad (7\text{-}10)$$

将式（7-10）代入式（7-7）之后，得

$$\dot{W}(t) = \frac{\partial H_c}{\partial m(t)} = I_t + rW_t + \delta X_t - m_0^{-1/\theta} e^{(r-\rho)t/\theta} \quad (7\text{-}11)$$

再将 $W(T) = A$ 代入式（7-11），联立式（7-10），可得

$$C_t = \frac{e^{-rt}(\rho-r-r\theta)}{(1-\theta)(1-e^{-(\rho-r-r\theta)T/\theta})} \cdot A + \frac{(1-e^{-rT})(\rho-r-r\theta)}{r(1-\theta)(1-e^{-(\rho-r-r\theta)T/\theta})} \cdot I_t$$
$$+ \frac{\delta(1-e^{-rT})(\rho-r-r\theta)}{r(1-\theta)(1-e^{-(\rho-r-r\theta)T/\theta})} \cdot X_t \quad (7\text{-}12)$$

由于财政支农投入能够在一定程度上减少农村居民的大额刚性支出，如农业基础设施投资等，本章假设财政支农投入（F）与农村居民大额刚性支出（A）之间存在替代效应：

$$A = \phi - \gamma F \quad (7\text{-}13)$$

将式（7-13）代入式（7-12），最终得

$$C_t = \frac{\phi e^{-rt}(\rho-r-r\theta)}{(1-\theta)(1-e^{-(\rho-r-r\theta)T/\theta})} + \frac{\gamma e^{-rt}(\rho-r-r\theta)}{(1-\theta)(1-e^{-(\rho-r-r\theta)T/\theta})} \cdot F_t$$
$$+ \frac{(1-e^{-rT})(\rho-r-r\theta)}{r(1-\theta)(1-e^{-(\rho-r-r\theta)T/\theta})} \cdot I_t + \frac{\delta(1-e^{-rT})(\rho-r-r\theta)}{r(1-\theta)(1-e^{-(\rho-r-r\theta)T/\theta})} \cdot X_t \quad (7\text{-}14)$$

根据以上推理可以发现，农村居民家庭人均纯收入、财政金融支农投入是影响农村居民消费的主要因素。本章的目的主要是研究财政金融支农投入对农村居民消费的影响，但考虑到实际的影响因素很多，在这里，我们借鉴式（7-14）的基本模型，同时引入相关的控制变量，进一步分析其他因素对农村居民消费的影

响。由于时间序列样本较少，不足以满足大样本的需求，本章采用了 1997~2012 年中国 30 个省区市[1]的面板数据进行分析，并建立最终计量模型：

$$C_{it} = \beta_0 + \beta_1 I_{it} + \beta_2 F_{it} + \beta_3 X_{it} + \Theta\text{CON} + \mu_{it} \qquad (7\text{-}15)$$

式中，CON 表示控制变量；Θ 表示控制变量的系数向量矩阵；μ_{it} 表示随机误差项。

7.3 样本和数据

被解释变量：农村居民人均消费支出（C），数据来源于 1998~2002 年《中国农村统计年鉴》、2003~2013 年《中国统计年鉴》。

核心解释变量：农村居民家庭人均纯收入（I），数据来源于 1998~2002 年《中国农村统计年鉴》、2003~2013 年《中国统计年鉴》。财政支农投入（F），主要用来反映财政支农投入对农村居民消费的促进作用，本章以各省区市人均财政支农支出衡量。财政支农投入数据来源于 1998~2009 年《中国财政年鉴》、2010~2013 年《中国统计年鉴》。此外，由于期间财政支农指标体系产生了变化，为了使其具有可比性，本章的选取方法如下：1997~2002 年为农业综合开发支出、支援农村生产支出和农林水利气象等部门的事业费支出三者之和；2003~2006 年为农业支出、林业支出和农林水利气象等部门的事业费支出三者之和；2007~2013 年为农林水事务支出。金融支农投入（X），主要用来反映金融支农投入对农村居民消费的促进作用，本章以各省区市人均农业贷款衡量。金融支农投入数据来源于《新中国五十五年统计资料汇编》、2006~2010 年《中国统计年鉴》《中国农村金融服务报告 2010》，为了保证数据的完整性，本章以灰色预测法补齐缺失数据。

控制变量：由于影响农村居民消费的因素较多，本章仅选取两个控制变量。农村居民家庭拥有生产性固定资产原值（Asset），主要用来反映农村居民拥有的资产对消费的影响，Modigliani 和 Brumberg（1954）通过构建生命周期模型指出资产存量是影响消费的主要因素。其数据来源于 1999~2013 年《中国统计年鉴》、1998 年《中国农村统计年鉴》。农业税（Tax），主要用来衡量 2006 年农业税[2]取消之后对农村居民消费的影响。

---

[1] 受统计资料限制，本章研究不包括西藏和港澳台。
[2] 2005 年 12 月 29 日，第十届全国人大常委会第十九次会议经表决决定，《中华人民共和国农业税条例》自 2006 年 1 月 1 日起废止，从而使延续了 2600 年的农业税走进了历史。

变量处理：农村居民人均消费支出（C）、农村居民家庭人均纯收入（I）、财政支农投入（F）、金融支农投入（X）、农村居民家庭拥有生产性固定资产原值（Asset）均作对数化处理；农业税（Tax）采用虚拟变量衡量，即2006年以前赋值为0，2006年以后赋值为1。

7.4 计量分析

本章以1997~2012年我国30个省区市农村居民消费的面板数据为研究对象，实证分析财政金融支农投入等因素对农村居民消费的影响，实证分析的结果如下。

7.4.1 财政金融支农投入的整体效应分析

表7-2显示了我国30个省区市1997~2012年的整体及阶段性回归结果，从模型选择的检验结果可以看出，在整体回归结果中，F统计量在1%的显著性水平下拒绝原假设，即拒绝混合模型，选择固定效应模型；而个体随机效应的Hausman检验值，在5%的显著性水平下拒绝随机效应模型，即采用个体固定效应模型进行估计更为合适。同时，为了消除截面异方差的影响，本章采用广义最小二乘法进行估计。

表7-2 财政金融支农投入的整体效应及阶段效应

解释变量	因变量：农村居民人均消费支出		
	1997~2012年	1997~2003年	2004~2012年
I 农村居民家庭人均纯收入	0.727 (18.03)***	0.358 (5.10)***	0.823 (9.12)***
F 财政支农投入	0.063 (4.39)***	0.121 (4.62)***	0.043 (2.82)***
X 金融支农投入	0.016 (2.22)**	-0.006 (-0.39)	0.301 (2.48)**
Asset 生产性固定资产原值	0.018 (2.29)**	0.036 (2.30)**	0.005 (0.56)
Tax 农业税	0.023 (4.07)***		

续表

解释变量	因变量：农村居民人均消费支出		
	1997~2012 年	1997~2003 年	2004~2012 年
常数项	0.463 (4.75)***	1.498 (7.59)**	0.257 (2.52)**
样本数量	480	210	270
R^2	0.9426	0.7132	0.9200
F 值	40.74***	26.46***	35.00***
Hausman 检验	11.80**	32.17***	10.12*
模型的影响形式	固定效应	固定效应	随机效应

注：本表由 Stata 软件计算得出，括号内为 t 统计量
*、**、***分别表示在 10%、5%、1%水平上显著

从整体回归效应来看，1997~2012 年全国各省区市的财政金融支农投入均对农村居民消费具有显著的正向作用，主要是由于财政金融支农投入不仅提高了农村居民收入，缓解了流动性约束，而且农村金融的发展降低了金融中介成本，间接促进了农村居民的消费。从两者的效应的强弱来看，财政支农投入对农村居民消费的促进作用明显大于金融支农投入，其系数分别为 0.063 和 0.016，由于本章对数据采用了对数化处理，所得到的回归系数即弹性系数，财政支农投入、金融支农投入每增加一个百分点，农村居民消费分别增长 0.063%和 0.016%。此外，农村居民家庭人均纯收入对农村居民消费也具有显著的促进作用，边际消费倾向为 0.727，说明收入是影响农村居民消费的重要因素，同时意味着农村消费市场仍具有巨大的开发潜力。

从控制变量来看，农村居民家庭拥有生产性固定资产原值的系数显著为正，主要是由于生产性固定资产是农村居民生产的基本条件，是农村居民增加收入的主要来源，从而为农村居民消费创造条件；农业税的系数显著为正，说明从 2006 年废除农业税之后，农村居民的消费显著提高了，也体现出政府扶持农业生产政策的有效性，农业税的取消直接增加了农村居民的可支配收入，进而推动农村消费市场。

7.4.2 财政金融支农投入的阶段效应分析

从 2004 年起，中央一号文件开始持续锁定"三农"问题，不断地加大"三农"投入，并实施了多项惠农政策。为探索财政金融支农投入效应是否在 2004 年前后

产生结构性变化，本章进行分阶段回归以便分析不同阶段的效应。

表 7-2 显示出了分阶段的回归结果，根据 F 统计量及个体随机效应检验的 Hausman 检验值可以看出，1997~2003 年阶段建立个体固定效应模型（Hausman 检验拒绝原假设），2004~2012 年阶段建立个体随机效应模型更为合理。

从阶段效应的回归结果来看，两个阶段存在着显著性的差异。财政支农投入对农村居民消费的促进作用在 2004 年以后产生了下滑，弹性系数由 0.121 下降到 0.043，这与国内部分学者的研究结论较为一致（胡永刚和郭长林，2013；刘小川和汪利锬，2014），笔者认为主要是由财政支农投入结构不合理及财政资金的使用效率低下造成的；金融支农投入在第一阶段对农村居民消费没有产生显著性作用，在第二阶段才开始显现出促进作用，主要是由于 2004 年以前农村金融发展落后，农村金融体系不完善，金融抑制是居民消费低迷的重要原因，在第二阶段，随着中央对农村金融发展的高度重视，金融支农对农村消费市场的推动作用开始显现。农村居民的边际消费倾向明显上升。1997~2003 年农村居民要负担农业税、子女的义务教育学杂费等，再加上农村医保系统不完善，农村居民的边际消费倾向较低，而随着各项惠农政策的实施，农村居民的消费倾向显著提高。农村居民家庭拥有生产性固定资产原值发生了相反的变化，主要是由于随着中国城镇化的快速发展，进城务工的农民不断增加，工资性收入成为农村居民收入的重要来源，农村居民家庭拥有生产性固定资产原值对消费的影响变得不显著。

7.4.3 财政金融支农投入的区域差异分析

由于我国幅员辽阔，在不同的地区之间，无论是自然气候条件还是社会经济基础都存在着一定程度上的差异，为了研究财政金融支农投入对农村居民消费的影响是否存在区域性差异，本章进一步将整体样本划分为东部、中部、西部地区进行实证分析。表 7-3 显示出了我国三大区域的回归结果，根据冗余固定效应检验的 F 统计量及个体随机效应检验的 Hausman 检验值可以看出，除了中部地区建立个体固定效应模型以外（Hausman 检验拒绝原假设），东部及西部地区建立个体随机效应模型更为合理。

表 7-3 财政金融支农投入的区域性差异

解释变量	因变量：农村居民人均消费支出		
	东部	中部	西部
I 农村居民家庭人均纯收入	0.772 (13.21)***	0.479 (4.94)***	0.814 (16.54)***

续表

解释变量	因变量：农村居民人均消费支出		
	东部	中部	西部
F 财政支农投入	0.054 （2.75）***	0.443 （1.44）	0.071 （3.31）***
X 金融支农投入	0.042 （4.70）***	0.114 （3.19）***	−0.018 （−1.70）*
Asset 生产性固定资产原值	−0.010 （−1.19）	0.059 （2.46）**	0.012 （0.96）
Tax 农业税	0.010 （1.31）	0.034 （2.75）***	0.019 （2.16）**
常数项	0.480 （2.07）**	0.703 （3.61）***	0.309 （2.29）**
样本数量	176	128	176
R^2	0.9346	0.8730	0.9732
F 值	58.50***	30.67***	9.78***
Hausman 检验	8.54	15.11**	2.80
模型的影响形式	随机效应	固定效应	随机效应

注：本表由 Stata19.0 软件计算得出，括号内为 t 统计量

*、**、***分别表示在10%、5%、1%水平上显著

从整体上来看，财政金融支农投入对农村居民消费的影响存在着显著性区域差异。财政支农投入在东部和西部地区能够有效促进农村居民消费，而在中部地区却不显著，这是因为东部地区经济发达，财政资金充足，而西部地区一直是中央政府财政投入的重点地区，从而造成了区域差异产生的政策效果差异。金融支农投入在中部地区的促进作用最大，其次是东部地区，而西部地区却出现了抑制农村居民消费的现象。笔者认为西部地区的经济发展较为落后，金融"嫌贫爱富"的本质驱使金融资源流向经济发达的东部地区，此外加上西部地区农村金融发展落后，从而出现了抑制现象；而东部地区的发展重心不在农业，金融资源不断地由农村流向城市，从而削弱了对农村消费市场的推动作用。农村居民家庭人均纯收入在三大地区都具有显著的正向效应，但东、西部地区的系数明显大于中部地区，主要是因为东部地区的经济发达、社会保障体系完善，农村居民的储蓄倾向较低，而西部地区的农村居民收入仍较低，因而具有更高的消费倾向。

从控制变量来看，农村居民家庭拥有生产性固定资产原值仅在中部地区具有显著正向效应，东、西部地区都不显著，主要是由于东部地区发达的城市经济吸引了大量的农村居民进城务工，西部地区的农村劳动力则流向东部发达的城市。

农业税政策的取消并没有影响东部地区农村居民的消费，表明东部地区农村居民收入相对较高，农业税的减免对其消费的影响并不显著。

7.5 结论和政策启示

本章运用 1997~2012 年 30 个省区市的面板数据对我国财政金融支农投入对农村居民消费影响的阶段效应及区域差异进行了研究，得出以下结论。

从整体上看，我国财政金融支农投入对农村居民消费具有显著的正向效应，但两者相比而言，财政支农投入对农村居民消费的促进作用更强，表明 1997~2012 年我国的财政支农投入有效地推动了农村消费市场，而金融支农投入拉动作用仍需进一步提高。农村金融是农村经济发展的核心，也是启动农村消费市场的关键所在，因此各级地方政府应该贯彻落实中央精神，加大农业投入，尤其是农业基础设施建设；完善农村金融体系，发挥农村金融的市场作用，积极引导农村居民消费，重视新型农村金融机构的建设，为"三农"的发展注入有效资金，从而为农村消费市场的启动打下坚实的基础。

从阶段效应来看，2004 年以后金融支农投入对农村消费市场的推动作用开始显现，主要得益于农村金融体系的不断完善；而财政支农投入的推动作用不仅没有上升，反而有所下降，但这一结论并不否定财政支农投入对农村消费市场的积极作用，其中所揭示的正是由于我国多层级的财政资金划拨体系的建立，财政支农资金配置效率下降，无法切实地注入农村经济发展当中。因此，政府在完善农村金融体系的同时，应建立起合理的财政资金监督机制，确保财政支农资金的使用效率，更好地服务于"三农"建设，促进农村居民消费。

从区域差异来看，我国财政金融支农投入对农村居民消费的影响存在明显的区域性差异，在财政实力较强的东部地区及国家重点扶持的西部地区，财政支农投入对农村居民消费促进作用显著，而在中部地区却无法起到显著的作用。而由于金融"嫌贫爱富"的本质及落后的农村金融体系，金融支农投入对农村居民消费的影响在西部地区表现出了抑制作用。因此，政府在制定相关政策时，应充分考虑到地区之间的发展差异，因地制宜，不能采取"一刀切"模式。加大中部地区的财政支农投入，大力推进西部地区农村金融体系的建设。

从其他变量来看，农村居民家庭人均纯收入、农村居民家庭拥有生产性固定资产原值及农业税的废除都对消费起到了重要的促进作用。各地区应在保障农民收入的稳定增长的基础上，完善农村社会保障体系，制定切实可行的惠农政策，减轻农民的负担；加快推动土地确权的进度，完善土地流转制度，从而降低农村居民的储蓄性动机及支出预期，进而从根本上提高农村居民的消费水平。

第8章 县域财政金融政策与居民消费的分层差异分析

8.1 引　　言

改革开放以来，中国的经济一直保持着快速增长的态势，这造就了世界经济增长中的中国奇迹。根据传统的经济学理论，经济增长的三大动力来源于投资、消费及净出口。长期以来，中国的经济增长主要依赖于投资驱动及出口拉动，消费在经济增长中的贡献率一直处于较低水平（雷潇雨和龚六堂，2014）。然而随着外部经济环境的变化，尤其是2008年美国次贷危机的爆发所带来的金融危机，使全球经济快速衰退，国外市场需求疲软，这对中国的出口贸易造成了极大的冲击。此外，长期以投资拉动经济，中国的投资率已超过社会的最优值（李稻葵等，2012），出现了大面积的产能过剩问题，尤其是在钢铁、煤矿、水泥等产业。内外部因素的交织使中国传统的经济增长模式受到了严峻的挑战，自此，中国经济进入发展的新常态。在新常态下，如何提升消费在经济增长中的贡献率，是实现中国经济可持续发展的关键。

长期以来，党中央一直高度重视内需的发展，从"十五"计划到"十三五"规划，政府都明确制定了以有效的财政金融政策拉动内需的战略方针。中国的财政金融政策投入增加，统计数据显示，从2000年到2015年，政府财政支出由15 886.50亿元上升到175 877.77亿元，年增长率均达到了两位数，总体约上升了10倍；金融机构的各项贷款余额也从112 314.70亿元上升到939 540亿元，总体约上升了7倍。与此同时，现实情况却表明我国的消费率明显偏低（毛中根等，2014），政府财政金融政策的大规模投入所形成的消费格局却是政府消费比重上升，居民消费比重下降。从中国整体消费来看，2000~2015年我国的最终消费率从63%下降到

52%，居民消费率从47%下降到38%；从最终消费的结构上来看，政府消费占比从26.2%上升到26.4%，而居民消费占比却从73.8%下降到73.6%。居民消费水平的不断降低，成为制约当前中国经济发展模式转型的重要因素。如何有效提升居民消费水平，已然成为理论界与决策者的关注焦点。党的十八大报告明确指出，"加快建立扩大消费需求长效机制，释放居民消费潜力"[①]；十八届五中全会也确立了到2020年，要使消费对经济增长的贡献明显增大。

然而，要有效提升居民消费水平，政府财政金融政策的着力点究竟在何处？绝大部分学者都将研究视角聚焦在了农村消费市场，指出农村消费市场的开启是拉动内需的关键（方松海等，2011；陈东和刘金东，2013；谭涛等，2014）。尽管农村消费市场的重要性毋庸置疑，但我们也应意识到县域消费市场所具备的优势。相比农村居民而言，县域居民不仅具有消费需求，而且具备一定的消费能力。《中国县域市场研究蓝皮书2015》指出，县域消费正在经历着由"生存型消费"转向"享受型消费"；《全国县域地区网购发展报告》指出，县域人均网购消费量要明显高于一、二线城市；截至2014年，中国县域的消费量达到了80 000亿元人民币，达到了全国消费品零售总额的1/3，这都展示出了县域消费市场的巨大潜力。

回顾相关文献，消费作为经济增长的主要动力之一，一直是国内外学者研究的热点。"收入是影响居民消费的决定性因素"这一论断主要是来源于经典消费理论（Keynes，1936；Duesenberry，1949；Modigliani and Brumberg，1954；Friedman，1957）。但随着研究的不断深入，单从收入这一角度来解释消费行为，已无法满足现实情况的需要。因此，学者的研究视角也随之扩大，将视角转移到了政府的财政金融政策。在财政政策方面，主要存在着三种观点。其中一种观点认为，两者无显著的确定性关系。如Campbell和Mankiw（1990）利用美国的数据研究发现两者并无相关关系；Ni（1995）则提出财政支出对私人消费的效用与所选择的效用函数形式及利率有关。而理论研究的争执主要存在于剩下的两种观点，即政府财政政策投入与居民消费之间究竟是存在挤入效应还是挤出效应。早期具有开创性研究的是Bailey（1971）所构建的包含政府财政支出的消费需求模型，其提出了政府财政所提供的公共产品相当于为私人消费提供θ个商品的假设，并通过分析发现政府财政对居民消费具有挤出效应。Barro进一步拓展了Bailey的研究，指出在一般宏观均衡经济模型下，政府财政支出对居民消费具有挤出效应。Aschauer（1985）、Ahmed（1986）分别对美国和英国的数据进行检验，结果发现政府财政支出具有挤出效应。随后的诸多研究则认为政府的财政支出对居民消费具有挤入效应，如Karras（1994）通过对跨国面板数据的研究发现政府财政支出具有挤入

---

① 引自2012年11月8日《人民日报》中的文章：《坚定不移沿着中国特色社会主义道路前进　为全面建成小康社会而奋斗》。

效应，许多学者的后续研究也都证实了这一观点（Molana，1997；Blanchard and Perotti，1999）。Fiorito 和 Kollintzas（2004）则进一步将财政支出领域分为公共品（如国防投入）与有益品（如教育支出），对欧洲 12 个国家的居民消费影响进行分析，结果表明政府财政支出对居民消费整体上来说具有正向效应，但其中公共品的效应为负，有益品的效应为正且大于公共品。此外，Rabanal 和 Lopez-Salido（2006）在假设财政政策是外生的条件下，引入修正后的 DSGE 模型分析财政与消费之间的关系，结果发现居民消费会随着财政投入的上升而上升；而 Forni 等（2009）则将财政政策设定为内生性，讨论了居民消费对于财政政策冲击所产生的反应。

国内学者的研究起步较晚，万广华等（2001）认为流动性约束对居民消费的制约主要是由于金融机构的消费信贷业务不完善。陈斌开等（2014）认为金融抑制是居民消费长期低迷的原因。易行健和杨碧云（2015）则利用了全球 64 个国家的跨国面板数据对居民消费率的影响因素进行分析，结果表明金融发展与居民消费率之间不存在显著的线性或非线性关系。此外，绝大部分学者一致认为财政政策投入能够有效地促进居民消费（储德银和闫伟，2009；李晓嘉，2010）。魏建等（2011）则将财政支农投入进一步划分为政府投资性、转移性和消费性支出，其中投资性和转移性支出的挤入效应明显，消费性支出对消费需求的拉动作用有限，并且不同区域存在明显差异。也有部分学者从预期的视角对财政政策的影响进行分析，如李永友和钟晓敏（2012）的研究表明城乡居民消费倾向的不断下降与政府财政政策有着较大的关系，尤其是居民未预期到的财政政策冲击对其消费倾向的效用显著为负，因此要调整财政策略、稳定居民预期，从而提升城乡居民的消费倾向；胡永刚和郭长林（2013）通过建立 DSGE 模型进行研究，结果表明财政政策除了可以通过财富效应对居民消费产生影响之外，还可以通过改变居民的预期，进而影响其消费行为，其中预期起着更为重要的作用。与主流观点较为不同的是刘小川和汪利锬（2014）的观点，其研究发现政府支出对居民的消费影响呈现倒"U"形，即先产生"挤入效应"，再产生"挤出效应"。

以上丰硕的研究成果为本章提供了扎实的研究基础，但也仍存在一定的不足：其一，绝大部分研究都是将财政金融政策的效应进行单独分析，没有从整体上对比两者的政策效应；其二，基本上没有从县域层面对财政金融政策效应进行分析，而县域消费是当前拉动内需的重要市场；其三，在不同消费水平上，财政金融政策的实施效率应当有一定的差异，而目前尚无财政金融政策效应分层差异的研究。基于此，本章将运用分位数回归法对县域财政金融政策与居民消费的分层差异进行研究，以期弥补相关研究的不足。

8.2 作用机制分析

8.2.1 财政政策影响农村居民消费的传导途径

分配与消费作为社会再生产①的两个重要环节，而公共财政属于分配环节，与消费存在着重要的联系。财政政策的实施对于提高农村居民收入水平、降低预防性储蓄动机等起到了重要的作用，进而对农村居民消费水平产生影响。具体来看，根据财政支出类别的差异，财政政策对农村居民消费的影响主要体现在四个方面：政府消费性支出、政府投资性支出、政府转移性支出及税收政策。

（1）政府消费性支出。从整个社会的消费主体来看，主要分为政府消费及私人消费。从早期的理论发展来看，政府消费与私人消费之间既可能是替代关系，也可能是互补关系。从政府消费性支出的性质来看，主要是为了保障统治阶级实施国家职能，如国防开支、公务员薪酬发放及科教文卫等方面的支出。一方面，当政府进行消费性支出时，往往会通过税收的方式进行融资，从而降低了农村居民预期的收入水平，挤占农村居民消费；另一方面，政府消费性支出绝大部分会转化为私人收入，从而提高私人消费能力，这也是扩大农村居民消费的前提。

（2）政府投资性支出。从整个社会的投资主体来看，主要分为政府投资及私人投资。一国的经济增长动力主要来源于外需与内需，外需更多地取决于全球的经济发展态势，一国政府难以控制。因此当国内居民消费不足时，政府往往通过投资性支出来弥补内需不足。在政府投资性支出中，尤其是在农村基础设施建设方面，绝大部分的支出将转化为农村居民的收入，从而间接提高农村居民的可支配收入，提高农村居民消费水平。因此，政府的投资性支出在外需不足、经济低迷的形势下，是促进农村居民消费的重要手段。

（3）政府转移性支出。从传统的消费理论来看，农村居民的消费支出水平虽然受到诸多因素的影响，但仍主要取决于当期收入。从中国的现实背景来看，一方面，由于当前正处于经济结构转型阶段，农村居民的收入预期面临着较大

---

① 社会再生产主要包含生产、交换、分配及消费四个主要环节。

的不确定性；另一方面，长期以来，中国典型的城乡二元结构导致社会保障体系不健全、保障水平较低，广大农村地区面临着严重的社会保障缺失，从而使农村居民的预防性储蓄动机逐渐增大，这也在一定程度上解释了中国高储蓄、低消费的原因。政府转移性支出主要包含社会保障支出、收入补贴等，这不仅直接提高了农村居民的收入水平，产生正向的财富效应，促进农村居民消费。此外，社会保障体系的不断健全，能够有效降低农村居民的预防性储蓄动机，提高农村居民的支出预期，从而释放农村居民的消费潜力，有效推动农村居民消费水平。

（4）税收政策。税收作为调节国民收入分配的主要手段之一，对国民经济的稳定发展起到了重要的作用。其对农村居民消费水平的影响主要通过两个方面：其一，所得税率的高低直接关系到农村居民的可支配收入，进而影响农村居民的消费能力；其二，通过对某些类别商品的特别征税影响消费品的供给结构，影响农村居民的消费环境。此外，如遗产税的征收，将在一定程度上促进高收入阶层的消费水平。

8.2.2　金融政策影响农村居民消费的传导途径

长期以来，金融政策对农村居民消费的影响一直是理论研究的热点，其对农村居民消费究竟是正向促进还是反向抑制，目前尚未得到一致的论断。但学者对于其对农村居民消费影响的作用路径、理论研究基本达成了共识。

（1）推动经济增长，提高农村居民收入，间接促进农村居民消费水平。正如佩蒂纳克斯的贫困恶性循环论所指出的，贫困的根本原因是资本的匮乏。金融发展能够提高资源的配置效率，有利于国民经济的快速增长及财富的累积，进而提高国民的收入水平。在国民收入水平稳定提升的基础之上，农村居民的消费水平自然也会随之上升，因而该路径主要是通过提高收入水平，间接促进居民消费。

（2）改善农村居民的收入预期，降低预防性储蓄动机。随着消费理论的不断完善，越来越多的证据表明农村居民消费水平不仅受到当期收入水平的影响，也与其未来所预期的收入水平相关，即消费者的消费水平与未来预期的收入水平呈正相关。金融发展通过促进经济增长，在稳定的经济发展形势下，实现物价稳定、充分就业，这能够有效提升农村居民的预期收入水平，降低预防性储蓄动机，从而提高农村居民的当期消费水平。

（3）通过提供消费信贷，降低农村居民的流动性约束，直接促进农村居民消费水平。流动性约束是影响农村居民消费的主要因素之一，由于流动性约束的存在，农村居民将一部分的收入作为储蓄，以防范未来的不确定因素，这显然直接抑制了农村居民的当期消费。而随着金融的不断发展，所提供的各类消费信贷种类不断丰富，使消费者更容易获得消费信贷，这在一定程度上缓解了流动性约束，有效释放农村居民消费需求。

（4）有效降低金融中介成本，促进农村居民消费。随着金融体制的不断完善，金融创新在农村推广，金融中介成本不断下降。如当前快速发展的网上银行、网上支付平台、手机银行等电子项目，不仅提高了交易的速度，也提供了更多的交易方式，使农村居民能够更加便捷地进行消费。此外，信用卡的发行在方便消费者结算的同时，也平滑了消费者的跨期消费。

（5）通过财富效应促进农村居民消费。在金融发展的过程中，资本市场也在快速发展与完善，股市、债券市场日益活跃，此外，银行体系所提供的理财服务日趋丰富，使农村居民的金融资产不断增加，即农村居民的财富在不断增加，从而产生财富效应。金融市场上资产价格的上升，一方面，使农村居民所拥有的资产总额上升，促进农村居民在商品和劳务方面的消费；另一方面，会有效改善农村居民的收入预期，根据 Friedman 的持久收入假说，这将促进农村居民的消费水平。

然而在金融发展促进农村居民消费增长的同时，也可能阻碍居民消费增长。当金融市场"热"时，大量的货币资金涌入金融市场，导致金融资产的价格快速攀升，产生金融泡沫，使金融资产价值与实体经济的发展完全背离。在面临金融危机时，金融泡沫一旦发生破裂，将使农村居民的金融资产遭受到严重的损失，对农村居民消费产生抑制作用。

根据对以上影响机制的理论分析，我们可以发现县域居民收入、财政政策、金融政策是影响县域居民消费的主要因素。本章的目的主要是研究财政金融政策投入对县域居民消费的影响，但考虑到实际的影响因素很多，在这里，我们建立式（8-1）的基本模型，同时引入相关的控制变量，进一步分析其他因素对县域居民消费的影响。由于时间序列样本较少，不足以满足大样本的需求。本章采用 2012 年中国 363 个县级市[①]的截面数据进行分析，并建立最终计量模型：

$$C_{it} = \beta_0 + \beta_1 I_{it} + \beta_2 F_{it} + \beta_3 X_{it} + \Theta\text{CON} + \mu_{it} \qquad (8\text{-}1)$$

---

① 2012 年中国的县级市数量为 367 个，受统计资料的限制，本章剔除了内蒙古自治区的 2 个县级市（满洲里市、根河市）及新疆维吾尔自治区的 2 个县级市（五家渠市、北屯市）共 4 个县级市。

8.3 样本和数据

被解释变量：县域居民消费（C），由于社会消费品零售额在很大程度上反映了县域居民消费状况，本章选取了人均社会消费品零售额作为衡量县域居民消费的指标，数据来源于 2013 年《中国城市统计年鉴》。

核心解释变量：县域居民收入（I），本章以农村居民纯收入与城镇居民可支配收入加权值[①]来衡量县域居民的收入水平，数据来源于各县市政府工作报告、《2013 年国民经济和社会发展统计公报》；财政政策（F），主要用于反映县域财政投入对县域居民消费水平的推动作用，以县域地方政府财政一般预算支出与县域总人口数之比来衡量，数据来源于 2013 年《中国城市统计年鉴》；金融政策（X），主要用于反映县域金融投入对县域居民消费水平的推动作用，以县域金融机构年末贷款余额与县域总人口数之比来衡量，数据来源于 2013 年《中国城市统计年鉴》。

控制变量：由于影响县域居民消费的因素较多，本章主要选取了两个控制变量。县域居民拥有的资产（A），主要用于反映县域居民拥有的资产数量对居民消费水平的影响，以城乡居民储蓄存款余额与县域总人口数之比衡量，数据来源于 2013 年《中国城市统计年鉴》，Modigliani 和 Brumberg（1954）在生命周期理论模型中也明确指出了居民拥有资产的数量是影响消费水平的主要因素；县域医疗条件（W），主要用于反映县域医疗卫生保障对居民消费水平的影响，以县域医院、卫生院卫生技术人员数来衡量，数据来源于 2013 年《中国城市统计年鉴》。

本章所选取的县域居民收入、县域居民消费、财政政策、金融政策及县域居民拥有的资产这五个指标，采用了人均指标而非总量进行衡量，主要是为了避免人口规模的差异导致的总量偏差。此外，为了消除多重共线性及异方差等统计问题，对实证分析的所有变量均作对数化处理。

[①] 以城镇化率进行加权处理，即县域居民收入=城镇居民可支配收入×城镇化率+农村居民纯收入×（1-城镇化率）。

8.4 计量分析

8.4.1 研究方法

在以往的经典回归模型中，其研究的重点在于解释变量 x 对于被解释变量 y 的条件期望值 $E(y|x)$ 的影响，即均值回归（OLS[①]）。而很多时候，我们更为关注的是 x 对于整个条件分布的整体影响状况，而条件期望值 $E(y|x)$ 所描述的仅仅是条件分布的集中趋势而已，且当条件分布不是对称分布时，则该条件期望值难以全面反映出整个条件分布。因此，如果能够实现对条件分布中的不同分位点进行估计，那么我们就能够对整个条件分布有更深入的认识。此外，在运用古典的均值回归时，其目标函数为残差平方和的最小化，这也使估计结果容易受到极端值的影响。

基于均值回归存在的诸多缺陷与不足，国外学者于 1978 年提出了分位数回归法，将目标函数转化为残差绝对值加权平均的最小化，这样就避免了古典均值回归中，估计结果容易受到极端值的影响的缺陷（Koenker and Bassett Jr，1982）。更具研究意义的是，该方法能够提供条件分布在所有分位点上的信息，这是在古典均值回归上的一个重要拓展。

分位数回归法的基本推导过程如下。

首先假设条件分布 $y|x$ 的总体 q 分位数 $y_q(x)$ 为 x 的线性函数：

$$y_q(x_i) = x_i'\beta_q \tag{8-2}$$

式中，β_q 表示在 q 分位数下的回归系数，且其估计量 $\hat{\beta}_q$ 可由残差绝对值加权平均的最小化来进行估计：

$$\min_{\beta_q} \sum_{i:y_i \geq x_i'\beta_q}^{n} q|y_i - x_i'\beta_q| + \sum_{i:y_i < x_i'\beta_q}^{n} (1-q)|y_i - x_i'\beta_q| \tag{8-3}$$

式中，当 q 取值为 0.5 时，所表示的则为中位数回归，其目标函数则可表示为

[①] 即 ordinary least squares，普通最小二乘法。

$$\min_{\beta_q} \sum_{i=1}^{n} |y_i - x'_i \beta_q| \qquad (8\text{-}4)$$

从式（8-4）中可以看出，该目标函数为最小绝对离差估计量，因此中位数回归也被称为 LADE（least absolute deviation estimator，最小绝对偏差估计），该估计结果相比均值回归而言，更不易受到极端值的影响，从而也使估计结果更为稳健、可靠。

以分位数回归法能够研究不同消费水平的分布状况，从而分析不同的要素在不同消费水平上的边际贡献率。在对县域财政金融政策与居民消费进行分位数回归分析时，所采用的是 Efron（1979）提出的自助重复抽样法技术，该技术主要用于计算协方差矩阵，为了增强统计推断的可信度，本章在对每个分位点进行回归时，均使用了 600 次自助抽样。

8.4.2 实证结果分析

表 8-1 为 2012 年中国 363 个县域居民消费（C）、县域居民收入（I）、财政政策（F）、金融政策（X）、县域居民拥有的资产（A）及县域医疗条件（W）的描述性统计分析结果。由表 8-1 可以看出，从平均值来看，县域居民人均消费水平为 13 861.27 元，略低于 2012 年全国人均社会零售品消费额 15 531.8 元，这表明县域仍有较大的消费市场待开发；从最值来看，县域居民人均消费水平的最小值与最大值的差额达到了 74 522.21 元，其比值则高达 74.58，这也说明了县域财政金融政策对居民消费影响分层差异研究的必要性。此外，从各变量的标准差来看，该值明显较大，说明了各县级市之间的变量异质性十分显著。

表 8-1 各变量的描述性统计分析

变量	样本量	平均值	标准差	最小值	最大值
县域居民消费	363	13 861.27	9 121.63	1 012.79	75 535.00
县域居民收入	363	15 143.16	4 887.84	6 260.20	35 502.83
财政政策	363	5 694.12	4 003.03	1 614.53	39 904.67
金融政策	363	28 007.28	31 425.79	1 179.82	216 404.20
县域居民拥有的资产	363	25 769.61	17 042.68	2 040.38	140 418.50
县域医疗条件	363	2 516.28	1 500.91	202.00	10 315.00

资料来源：2013 年《中国城市统计年鉴》、各县市政府工作报告及《2013 年国民经济和社会发展统计公报》

在所给出的分位数回归结果中，为了更全面地刻画县域居民消费水平决定的分位数回归结果,我们选取了五个比较具有代表性的分位点:QR_10、QR_25、QR_50、QR_75、QR_90,分别代表低消费组、中低消费组、中等消费组、中高消费组及高消费组五个分组,从而便于深入探究政府财政金融政策的实施在不同消费水平的县级市中究竟起到了什么样的作用,以及是否有效促进了县域居民的消费水平。此外,为了更直观地看出各解释变量(县域居民收入、财政政策、金融政策、县域居民拥有的资产及县域医疗条件)对县域居民消费的边际贡献率,本章给出了随着分位点的变化,变量系数变化趋势的详细刻画图,具体实证分析结果如表8-2所示。

表8-2 县域财政金融政策与居民消费的分位数回归结果

解释变量	被解释变量:县域居民消费					
	OLS	QR_10	QR_25	QR_50	QR_75	QR_90
县域居民收入	0.872***	1.072*** (5.32)	0.915*** (7.77)	0.872*** (5.54)	0.837*** (5.87)	0.858*** (4.89)
财政政策	0.035	0.066 (0.64)	0.015 (0.23)	0.034 (0.67)	0.103** (2.36)	0.138** (2.03)
金融政策	-0.037	-0.033 (-0.30)	-0.007 (-0.14)	-0.002 (-0.05)	-0.089* (-1.77)	-0.036 (-0.60)
县域居民拥有的资产	0.458***	0.515*** (2.71)	0.462*** (4.46)	0.388*** (6.61)	0.449*** (9.25)	0.314** (2.51)
县域医疗条件	0.074**	0.127* (1.70)	0.090** (1.96)	0.095*** (3.30)	0.089** (2.45)	0.033 (0.67)
常数项	-4.059***	-7.700*** (-4.55)	-4.966*** (-6.67)	-3.837*** (-4.65)	-3.599*** (-3.73)	-2.666** (-2.29)
伪R^2	—	0.380	0.418	0.432	0.450	0.495

注:此表由Stata12.0软件计算得出,括号内为t统计量
*、**、***分别表示在10%、5%、1%水平上显著

从表8-2的分位数回归结果中可以发现,在整体回归中,县域居民收入、县域居民拥有的资产及县域医疗条件对县域居民的消费水平均起到了显著的正向作用。其中,县域居民收入的提高所带来的消费水平的提升最为明显;其次是县域居民拥有的资产,表明了随着家庭资产数量的增加,县域居民消费水平也随之提升,符合生命周期消费理论的预期,但与收入水平的提高相比,收入所带来的效应要远高于资产效应,这也印证了传统消费理论中所提出的居民收入水平是影响居民消费水平的决定因素这一经典论断。此外,县域医疗条件的提升也有助于提高县域居民消费水平,这主要是由于随着医疗条件的不断完善,县域居民能够接受更好的医疗保障,在一定程度上减少了对未来身体健康状态的不确定性,从而降低了预防性储蓄动机,刺激了县域居民的潜在消费需求。而财政政策与金融

政策两个变量在整体的回归结果中并不显著，这说明了从县域整体水平来看，县域政府财政金融政策尚未对居民消费起到显著的推动作用，如何科学地制定合理的财政金融政策是未来进一步开发县域消费市场的重要途径之一。然而，表8-1的描述性统计分析结果显示，各县级市之间的居民消费水平差距悬殊，若仅从整体回归结果中寻求政府财政金融政策对县域居民消费的促进作用，难免失之偏颇，无法真正揭示出其问题的根源。因此，本章接下来将对不同县域消费水平下的财政金融政策实施效率进行深入剖析，以期得出更加符合现实经济条件的实证结果。

从表8-2的分位数回归结果中可以看出，县域居民收入在QR_10、QR_25、QR_50、QR_75、QR_90五个分位点上的弹性系数均在1%的水平下显著为正，且除了在QR_90分位点处出现略微上升之外，其余四个分位点的收入弹性系数均随着分位点数的上升而不断下降，说明了尽管有轻微波动，但从整体上看，当前县域居民的边际消费倾向随着消费水平的上升而下降，这可能是由于消费水平越低的地区，家庭的收入水平一般也处于较低水平状态，其消费支出主要集中在基本生活资料方面，而随着消费水平的不断提高，基本消费需求已在很大程度上得到了满足，导致了边际消费倾向的下降，使得消费率降低。此外，县域居民边际消费倾向的数值均在0.837以上，处于较高水平，这也意味着县域消费市场仍具有巨大的潜力，县域居民的消费需求仍待开发。

除QR_10分位点外，财政政策的弹性系数随着条件分布中分位点的上升，呈现出逐渐上升的趋势。但财政政策的弹性系数仅在较高消费水平的县域（QR_75、QR_90）显著为正，而在中低消费水平的县域（QR_10、QR_25、QR_50）均不显著。这一结果说明了当前县域财政政策的扩张对中低消费水平的县域地区尚未起到积极的推动作用，无助于其居民消费水平的提升，仅促进了较高消费水平县域的居民消费，并随着消费水平的上升，政府财政支出促进县域居民消费水平的作用就越大。即在当前中国的县域地区，居民消费水平越低，政府的财政投入越无助于居民消费水平的提升，而在消费水平较高的县域地区，政府的财政支出对居民的消费产生了挤入效应。这使县域地区的消费差距不断拉大，不利于县域消费市场的健康发展。究其原因，笔者认为主要是由于消费水平的高低从某种程度上反映出了地区经济发展的状况，中低消费水平的县域经济发展一般较为落后。相比较而言，较高消费水平地区的县级市，经济发展条件较好，基础设施也较为完善，政府能够有足够的财政资源投入到社会医疗保障、公共服务等领域，这不仅能够有效提高县域居民的生活条件、减少消费顾虑，而且能改善县域居民的消费环境，因而县域财政投入对该地区的居民消费能够起到有效的推动作用。

金融政策的弹性系数在QR_10、QR_25、QR_50、QR_90四个分位点上均不显著，且在QR_75分位点处显著为负，这说明了当前县域金融政策尚未有效推动居民消费水平的提升，尤其是在处于中高消费水平的地区，金融投入反而起到了抑制居民消费的作用。可能是由于当前县域金融仍处于金融抑制状态，在政府对金融的过度干预下，一方面会产生信贷配给，另一方面是金融机构在消费金融方面发展不足，缺乏消费金融产品的创新与推广，这将使县域居民难以获取消费信贷，当县域居民面临流动性约束时，金融市场无法为其提供平滑当前消费的可能性。此外，金融资源"嫌贫爱富"的本质也是阻碍其有效促进县域居民消费的一个重要因素，尤其在缺乏科学合理的政策引导时，金融资源往往流向房地产、大型国企，而急需金融资源的农村经济及小微型企业则无法获取足够的正规金融资本，只能将希望寄托在民间借贷上，这不仅使其面临着较高的借贷利率，增加了盈利的难度，而且当民间借贷发生大面积违约时，会危及整个县域经济的健康发展。这都将导致县域居民收入水平的稳步提高受到严重的阻碍，难以脱离贫困陷阱，在对未来收入预期存在较为悲观的心理状态下，必然会抑制当期的消费需求，将更多的收入转化为储蓄。

县域居民拥有的资产在 QR_10、QR_25、QR_50、QR_75、QR_90 五个分位点上的弹性系数均在 5% 的水平下显著为正，这说明了在各消费水平下，县域资产效应都对居民消费起到了积极的促进作用。此外，县域居民拥有的资产的弹性系数随着条件分布中分位点的上升，呈现出整体下降的趋势，在低消费组的县级市，资产效应促进县域居民消费的作用最强（0.515），而在高消费组的县级市，资产效应的促进作用则最弱（0.314）。之所以出现较低消费水平下（QR_10、QR_25）的资产效应大于较高消费水平（QR_50、QR_75、QR_90），可能是因为较低消费水平县级市的居民比较高消费水平县级市的居民具有更高的边际消费倾向。

县域医疗条件在 QR_10、QR_25、QR_50、QR_75 四个分位点上的弹性系数均在 10% 的水平下显著为正，仅在 QR_90 分位点处不显著。这说明了县域医疗条件的提升，对于县域居民消费水平的提升具有显著的正向推动作用，且县域医疗条件的弹性系数随着条件分布中分位点的上升，呈现出整体下降的趋势。从各分位点的弹性系数来看，我们可以发现县域医疗条件提升所带来的居民消费水平的提高在低消费组县级市的作用（0.127）尤为明显，且远大于其他消费组的县级市。此外，总体上来看，较低消费水平的县级市（QR_10、QR_25、QR_50）的弹性系数要大于较高消费水平的县级市（QR_75、QR_90）。笔者认为这主要是由于相对较高消费水平的县域居民而言，较低消费水平的县域居民受自身经济实力的限制，健康风险是导致其产生消费顾虑的主要因素之一，医疗条件的改善能够降低其对未来健康风险的担忧，从而导致其医疗条件改善促进县域居民消费的作用要高于较高消费水平的县域居民。

8.5 结论和政策启示

本章运用2012年全国363个县级市的截面数据对我国政府财政金融政策对县域居民消费影响的分层差异进行的研究发现，①从整体上看，县域财政金融政策对居民消费尚未产生显著的推动作用，财政金融政策的消费引导机制仍待进一步完善，县域居民收入、县域居民拥有的资产及县域医疗条件的提高都能显著促进县域居民消费。②从分层差异来看，县域居民收入是影响其消费行为的决定性因素，且边际消费倾向随消费水平的提升整体呈现出下降的趋势；政府财政政策仅在中高及高消费组产生显著的正向作用，在其余分位点上作用并不显著；政府金融政策尚未有利于县域居民消费的提升，甚至在中高消费组产生了抑制作用；县域居民的资产效应能够显著推动居民消费，且其推动作用大体上呈现出下降的趋势；县域医疗条件在低消费组的促进作用尤为明显，但在高消费组的作用并不显著。以上实证结果证明，在当前党中央高度重视开拓县域消费市场的进程中，需高度重视财政金融政策在提升县域居民消费方面的推动作用，尤其是在低消费水平的地区，应根据不同地区的居民消费现状，制定出因地制宜、科学合理的财政金融政策。

基于此，本章的政策启示主要包含以下几个方面：①县域居民收入是决定县域消费的根本，且低消费组的边际消费倾向明显大于高消费组。因此，政府应当制定合理的收入分配政策，缩小城乡居民之间的收入差距，尤其是在低消费水平的县域地区，根据其经济发展的实际情况，协同财政金融政策的实施，实现县域居民收入的可持续性增长。此外，如何提升高消费组的边际消费倾向，也是推动县域居民消费的主要着力点。因此，政府应当鼓励产品创新，使其在满足基本生活资料消费的前提下，能够有更多的消费选择空间。②在县域财政政策方面，应加大在民生及社会保障方面的投入，切实为县域居民提供扎实可靠的社会保障体系。在制定财政政策时，要避免"一刀切"模式，应根据其消费水平制定合理的财政政策。在消费水平较低的县域地区，尤其要通过财政转移支付，将更多的财政资源用在提高县域居民收入水平、完善社会保障体系上。③在县域金融政策方面，由于当前县域金融投入尚未对居民消费产生积极的正向影响，甚至在中高消费组产生了抑制作用。这说明了县域政府应该对金融资源的流动进行合理的引导，加快消费金融体系的建立。在推动县域经济发展、促进县域居民增收的同时，降低其在消费时产生流动性约束的可能性。④在推进县域消费的进程中，县域居民的资产效应及县域医疗条件水平在低消费水平的县域地区作用尤为明显。因此，一方面，政府应当规范金融市场的健康发展，使县域居民在拥有稳定的金融资产的同时，加快农村土地的确权进程，增加县域居民的财产性收入来源，提高对未来收入的预期；另一方面，要大力改善县域医疗条件，为县域居民提供可靠的医疗保障，从而降低县域居民的预防性储蓄动机，促进县域居民消费水平的快速增长。

第9章 城镇化对县域居民消费的影响研究

9.1 引　　言

改革开放以来，中国的经济一直保持着快速增长的态势，然而长期粗放式的经济发展模式已难以持续，尤其是在当前新常态下，经济增长乏力（裴长洪，2015；李扬和张晓晶，2015）。在严峻的经济背景下，供给侧结构性改革是实现经济发展模式转变的重要途径，但与此同时，我们应当注意到由于我国幅员辽阔，不同地区之间的经济发展存在着较大的差距。在中国广大的中、西部地区，尤其是农村及县域地区仍存在着巨大的消费需求。消费作为经济增长的重要引擎，是经济可持续发展的根本动力，只有将扩大居民消费需求与供给侧结构性改革相结合，才能有效发挥出大国优势（欧阳峣等，2016）。自党的十八大以来，党中央对居民消费的重视程度不断加强。党的十八大报告明确指出，"加快建立扩大消费需求长效机制，释放居民消费潜力"[①]；十八届五中全会也确立了到2020年，要使消费对经济增长的贡献明显增大。从中可以发现，以居民消费拉动经济的可持续增长是政策制定的重点，也是保障社会主义经济健康发展的扎实落脚点。

而现实情况却与政策意愿存在着较大的差距，虽然从总体上看，我国居民的消费总量处于不断上升的态势，但仍处于相对低迷的状态。尽管中央政府已意识到这一问题，并采取了诸多政策措施[②]，但尚未能有效改变现状。从经济增长的贡

[①] 引自2012年11月8日《人民日报》中的文章：《坚定不移沿着中国特色社会主义道路前进　为全面建成小康社会而奋斗》。

[②] 统计数据显示，2000~2014年，政府财政支出由15 886.50亿元上升到151 785.56亿元，年增长率均达到了两位数，总体约上升了8.6倍；金融机构的各项贷款余额从112 314.70亿元上升到816 770.01亿元，总体上升了6.3倍。

献率来看（表 9-1），最终消费支出所占的比重由 2000 年的 78.9%下降到 2014 年的 51.6%；从经济增长的拉动率来看，最终消费支出的拉动率由 2000 年的 6.6 个百分点，下降到 2014 年的 3.8 个百分点。在当前城镇化快速发展的背景下，决策层与理论界开始将视角转移到以发展城镇化拉动内需中。在 2014 年发布的《国家新型城镇化规划（2014—2020 年）》中明确指出，内需是我国经济发展的根本动力，扩大内需的最大潜力在于城镇化。

表 9-1 最终消费支出占经济增长的贡献率及拉动率

年份	经济增长贡献率	经济增长拉动率/个百分点	年份	经济增长贡献率	经济增长拉动率/个百分点
2000	78.9%	6.6	2008	45.0%	4.3
2001	48.6%	4.0	2009	56.8%	5.2
2002	57.3%	5.2	2010	46.3%	4.9
2003	35.8%	3.6	2011	62.8%	6.0
2004	43.0%	4.3	2012	56.5%	4.3
2005	55.0%	6.2	2013	48.2%	3.7
2006	42.4%	5.4	2014	51.6%	3.8
2007	45.8%	6.5			

资料来源：根据《中国统计年鉴 2015》相关数据计算得出

根据 Northam（1975）提出的城镇化发展"S"曲线[①]，当城镇化率处于 30%~70%时，大量农村人口涌入城市，城市的规模快速扩大，这将产生巨大的消费需求。2014 年，中国的城镇化率达到了 54.7%，正处于城镇化发展的快速阶段。从理论上来看，中国城镇化的发展应当是推动居民消费增长、释放居民消费需求的重要途径。然而，在现实经济中，城镇化与居民消费之间的关系却出现了现实悖论。1981~2014 年，我国的城镇化快速发展（图 9-1），从人口城镇化来看，城镇人口比重由 1981 年的 20.2%上升到 2014 年的 54.7%；从空间城镇化来看，城市建成区[②]面积由 1981 年的 7438 平方千米扩大到 2014 年的 49 772 平方千米。而与之相对的却是消费率的下降（图 9-2），从最终消费率来看，由 1978 年的 62.1%下降到 2014 年的 51.4%；从居民消费率来看，由 1978 年的 78.5%下降到 2014 年的 73.7%。产生这一现实悖论的根源究竟是什么？国内学者对这一现象进行了诸多探讨，并试图给出合理的解释，但绝大部分仅停留于理论层面，

---

① Northam 根据世界各个国家城镇化发展的规律，提出了城镇化发展的"S"曲线，认为城镇化发展可以分为"起步—加速—成熟"三个阶段。

② 建成区指城市行政区内实际已成片开发建设、市政公用设施和公共设施基本具备的区域。

尚未能真正深入揭示问题的内在根源。那么城镇化的发展究竟能否有效驱动居民消费？人口城镇化和空间城镇化作为当前政府推进城镇化发展的两种主要模式，不同的城镇化发展战略对于居民消费的影响又是如何？城镇化发展对不同消费水平地区的影响是否存在显著性差异？这正是本章所要深入分析探讨的问题。因此，本章将在理论分析的基础上，综合运用最小二乘法及分位数回归法，就人口城镇化与空间城镇化对居民消费的影响进行比较研究，从而检验不同的城镇化发展战略对居民消费的影响是否存在显著差异，并据此提出可行性的政策建议。

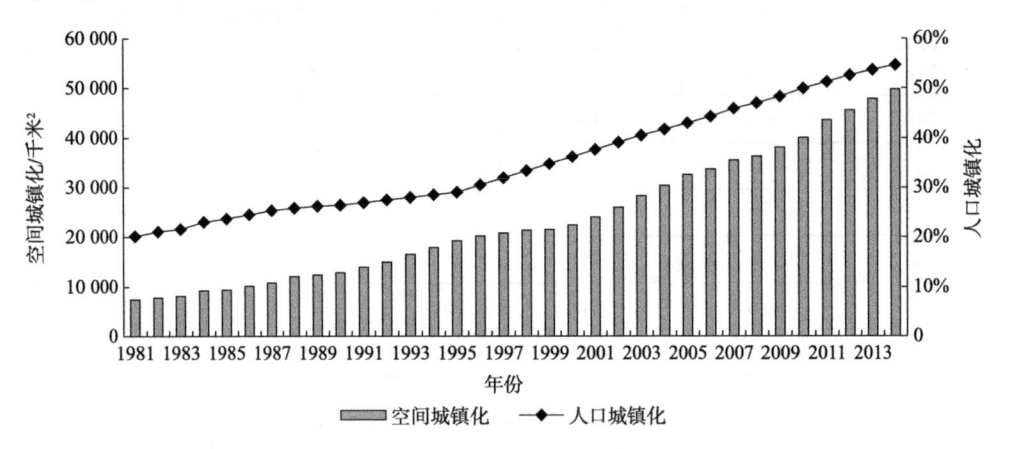

图 9-1　1981～2014 年中国城镇化发展态势

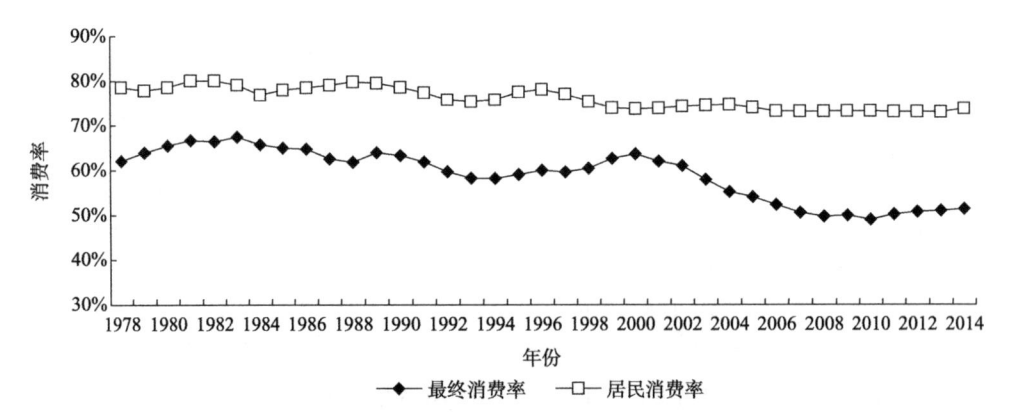

图 9-2　1978～2014 年中国最终消费率与居民消费率

资料来源：根据《中国统计年鉴 2015》计算得出

本章接下来的安排如下：9.2 节是文献回顾与述评；9.3 节是理论分析；9.4 节是模型、变量及方法；9.5 节是实证结果分析；9.6 节是结论和政策启示。

9.2 文献回顾与述评

城镇化的发展与消费之间的关系一直是国内外学者研究的热点。从理论层面来看，国外较早的研究主要是 Lewis（1954）针对发展中国家提出的二元结构理论，该理论认为由于二元结构的存在，城乡之间的劳动生产率及居民的收入水平会产生显著的差异，将导致生产率较低的农村部门人口向生产率较高的城市部门流动，而这种人口流动将产生巨大的消费需求。在二元结构模型的基础上，Jorgenson（1961）从消费结构变化的角度对其进行了拓展，认为城市化的发展将有利于农村居民，乃至国民消费结构的升级。更多的学者则将视角聚焦在城镇化在经济增长中所起的作用，将其视为经济增长的发动机（Perroux，1955；Myrdal and Sitohang，1957；Hirschman，1958），但也都间接指出了城镇化对于促进居民消费增长的积极作用。在经济发展的结构效应（Kuznets，1966）及发展模式（Chenery et al.，1975）的相关理论中，也暗含了城镇化与消费之间的关系。随后的研究则更多地从城市化理论模型探讨居民消费的问题，如 Ioannides 和 Rosenthal（1994）通过建立完全专业化的城市系统模型证明了城市化促进居民收入及消费增长的传导机制；Black 和 Henderson（1999）则将完全城市化的经济系统划分为两种类型的城市，并分析了在经济增长平衡下消费水平的决定等。可以看出，国外早期的大部分理论研究并没有直接关注城镇化与居民消费之间的直接关系，更多的是间接分析两者之间的关系。而在实证研究方面，国外学者对居民消费的探讨主要集中在微观层面上，认为城市化的发展能够创造出更好的消费环境，从而有效拉动居民消费。如 Daniels 等（1991）通过对美国服务消费增长的分析发现，城市化所形成的区域市场是居民服务消费增长的基础；大城市的出现增加了居民消费的多样性及便利性等（Glaeser et al.，2001；Waldfogel，2008）。Henderson（2005）从宏观层面上提出了发展中国家从农业经济向工业及服务业经济转变时，劳动力及资本等要素不断流向城市部门，这有利于整体国民消费的扩张。此外，也有部分研究侧重于关注城市化的发展与能源消费之间的关系（Liu，2007；Shahbaz et al.，2014），但目前的研究结论仍存在较大争议。

城镇化与居民消费之间的关系更受到国内学者的关注。早期的研究主要通过定性的方法进行研究，绝大部分学者的研究表明了城镇化发展是实现居民消费可持续增长、扩大内需、保持经济稳定增长的关键所在（曾令华，2001；汪利娜，2001），刘建国（2002）进一步指出了产生国内需求不足的根本原因就在于城镇化发展滞后，从而导致了居民消费不足的现象。可以发现在定性研究层面，城镇化在影响居民消费中所起到的积极作用得到了一致的认可。但在定量分析中，国内学者所得出的结论差异较大。部分学者的研究认为城镇化能否促进居民消费仍有待商榷。例如，范剑平和向书坚（1999）、刘志飞和颜进（2004）等通过实证分析发现城镇化对居民消费率增长的贡献几乎为零。甚至有部分学者发现城镇化发展与居民消费之间存在着负相关关系（王飞和成春林，2003）。也有学者指出，出现该问题只是阶段性的现象，当城镇化发展达到一定的水平之后，居民消费将与城镇化出现同步增长的态势（刘艺容，2007；邹红等，2012）。然而，绝大部分学者的研究则肯定了城镇化发展的促进作用。樊纲和王小鲁（2004）通过建立消费条件模型发现，在影响居民消费的诸多因素中，收入水平的影响最大，其贡献率达到了54.1%，其次是城镇化，贡献率为17.6%。张书云和周凌瑶（2010）通过运用VAR（vector autoregression，向量自回归）模型进行实证分析，发现城镇化有效促进了农村居民的消费。雷潇雨和龚六堂（2014）在构建包含多类型的消费者和地方政府的理论框架上，分析发现城镇化水平能够有效推动居民消费率的增长。潘明清和高文亮（2014）则进一步将城镇化所带来的经济效应分为集聚效应和外部成本效应，并通过实证分析发现集聚效应大于外部成本效应，因此城镇化能够有效促进居民消费增长。

已有研究为本章提供了扎实的理论基础及逻辑起点，但仍存在着进一步研究的必要。首先，已有研究在研究样本的选取方面存在着一定的不足。第一，绝大部分实证研究主要建立在全国范围的时间序列数据上，但我们应当意识到中国的城镇化发展时间不长，存在着时间序列样本不足的问题，容易产生估计偏误。第二，在省级面板数据的研究上，由于其所涵盖的城镇范围太广（大、中、小城市，各类县镇），研究的尺度过于宏观。对于不同规模的城市，城镇化的发展对居民消费的影响必然存在一定的差异。尽管也有部分学者对城市的类型进行了划分，把一线城市或地级市等作为研究对象，但仅将其作为整体进行研究，忽略了样本的内部差异。其次，已有研究在研究视角方面有所欠缺。绝大部分研究主要集中在人口城镇化所带来的消费效应，而由于地方政府的利益驱动，我国的土地城镇化速度明显快于人口城镇化[①]，其拉动居民消费的作用如何，目前仍少有研究涉及，此外也仍未有研究将两者置于同一分析框架内进行

[①] 2004～2014年城市建成区面积由3.04万平方千米增加到4.98万平方千米，上升了0.638倍；而城镇人口数量仅从5.42亿增加到7.49亿，仅上升了0.382倍。即城市的土地城镇化速度非常快，但城镇人口却没有同步增长。

比较。鉴于此，本章将从县域层面[①]进行分析，选取 2012 年全国 363 个县级市[②]为研究样本，分别运用最小二乘法及分位数回归法研究城镇化发展与居民消费之间的关系，以检验不同消费水平的县域、不同城镇化发展战略对居民消费的影响，从而弥补相关研究的不足。

9.3 理 论 分 析

城镇化是经济社会发展的客观规律，从其本质上来看，归根结底就在于人口要素与土地要素在制度上安排的变化，这一现象主要表现为农村人口不断向城镇集聚、农村土地逐步转变为城镇土地。这一过程将对居民的消费水平产生重要影响，进而作用于国民经济的健康发展，这也是城镇化发展战略的重要落脚点。因此，本章接下来将分别探讨人口城镇化与空间城镇化对居民消费水平影响的作用机理。

9.3.1 人口城镇化与居民消费

1. 收入效应

人口城镇化可以通过居民收入水平的提升来促进居民消费水平的提升。随着人口城镇化的发展，大量的农村剩余劳动力不断向城镇转移，由于城镇部门的劳动工资率要大于农村部门的劳动工资率，这将使转移到城镇部门的农村劳动力的收入水平得到提升。同时，人口不断向城镇转移所带来的集聚效应，能够在一定程度上提升城镇部门居民的收入水平。此外，从农村部门来看，农村剩余劳动力的减少能够有利于农业生产率的提升，促进农村剩余人口收入水平的增长。因此，人口城镇化能够通过收入效应影响居民的消费水平。

---

① 《2015 年农民工监测调查报告》显示，在外出的农民工当中，有 5621 万人向小城镇流动，占农民工总量的 33.29%，因此从县域层面进行分析更具现实意义。

② 2012 年中国的县级市数量为 367 个，由于受统计资料的限制，本章剔除了内蒙古自治区的 2 个县级市（满洲里市、根河市）及新疆维吾尔自治区的 2 个县级市（五家渠市、北屯市）共 4 个县级市。

2. 人口结构效应

在人口城镇化发展的过程中，人口在城乡之间的分布结构也会随之变化，城镇部门的人口比重会逐步上升。相比农村地区而言，城镇地区拥有更加便利与多样化的消费环境，这使转移到城镇的农村人口的潜在消费得以实现。与此同时，在城镇部门中，生活必需品的自给率大幅下降，对消费市场的依赖性更强。因此，人口城镇化能够通过人口结构效应影响居民的消费水平。

3. 示范效应

根据消费理论可知，消费行为存在示范效应。当农村人口向城镇流动之后，城镇居民的消费模式会对其产生"示范性"的作用，即城镇居民更多地消费于文教娱乐、医疗保健等高层次消费领域。这能够在一定程度上改变农村转移人口的消费偏好，促使其消费结构不断向较高层次转变，有利于居民消费水平的提升。

9.3.2 空间城镇化与居民消费

1. 投资效应

空间城镇化的发展往往伴随着大面积的基础设施投资，这将产生大量的劳动力需求。在我国的现实背景下，这部分劳动力主要来源于农村剩余劳动力。因此，空间城镇化的投资效应有利于农村剩余劳动力的非农就业，从而提升其收入水平。与此同时，基础设施的投资必然会带动相关行业的发展，而行业收入水平的增长最终也表现为居民收入水平的提升。因此，空间城镇化能够通过投资效应影响居民的消费水平。

2. 外部效应

空间城镇化会使大量的农村集体用地转变为城市建设区，城市面积的扩张会对居民的消费产生外部效应。这主要是由于空间城镇化所带来的基础设施的完善，如道路交通、通信设施等方面的改善，能够为居民的消费提供更加良好的物质条件及消费的便利性。

根据以上的理论分析可以发现，人口城镇化与空间城镇化的发展在理论上能够促进居民消费水平的提升。但其在现实经济中的作用如何，仍有待商榷。因此，本章接下来将运用县域数据对其进行实证检验。

9.4 模型、变量及方法

9.4.1 计量模型

根据上述的理论分析，我们可以发现人口城镇化及空间城镇化的发展在理论上都能够有效促进居民消费水平的提升。此外，根据经典的消费理论，收入是决定居民消费水平的重要因素，因而本章也将其作为核心变量纳入分析框架。

本章的目的主要是研究人口城镇化及空间城镇化对居民消费水平的影响，考虑到实际的影响因素较多，我们在上述理论分析的基础上，同时引入相关控制变量，进一步分析其他变量对居民消费的影响。由于时间序列数据的样本太少，难以满足大样本的需求，本章采用了 363 个县域截面数据，建立起如下计量分析模型：

模型Ⅰ：$\text{Con} = \beta_0 + \beta_1 \text{urb} + \beta_2 \text{czsr} + \beta_3 \text{ncsr} + \Theta T + \beta_4 \mu$ （9-1）

模型Ⅱ：$\text{Con} = \beta_0 + \beta_1 \text{spc} + \beta_2 \text{czsr} + \beta_3 \text{ncsr} + \Theta T + \beta_4 \mu$ （9-2）

式中，T 表示控制向量；Θ 表示控制变量的系数向量矩阵；μ 表示随机误差项。其他变量含义见 9.4.2 节。

此外，为了进一步比较人口城镇化与空间城镇化对居民消费影响的差异，我们进一步将两者纳入同一分析框架中：

模型Ⅲ：$\text{Con} = \beta_0 + \beta_1 \text{urb} + \beta_2 \text{spc} + \beta_3 \text{czsr} + \beta_4 \text{ncsr} + \Theta T + \beta_5 \mu$ （9-3）

由于空间城镇化的推进主要是由地方政府追求政绩等多种外部原因所导致，本章认为空间城镇化与居民消费之间不存在内生性问题，在此主要讨论人口城镇化与居民消费之间的内生性问题。两者之间的内生性问题主要表现为居民消费水平的提升可能是由于城镇所形成的集聚效应；另外，也有可能是某个城镇的消费水平较高（生活质量较好）或消费水平较低（生活成本较低）导致人口向该城镇流动，这种变量之间互为因果的关系容易产生内生性问题，导致模型估计结果出现偏误。但一方面，由于某个城镇消费水平的高低对人口迁移的影响主要是发生在下一期或更后期，而本章的研究主要是针对当期消费；另一方面，从现实情况来看，人们在选择城市时，更多的是考虑收入及就业条件等，很少受到地区消费水平的影响（雷潇雨和龚六堂，2014）。因此，我们认为城镇化发展与居民消费之间的内生性问题并不严重。

9.4.2 变量及数据说明

被解释变量：县域居民消费（Con），从社会消费品零售总额的构成来看，除了居民消费之外，还包含了政府及企事业单位的采购，但由于绝大部分采购最终是由部门中的居民所消费使用，社会消费品零售额在很大程度上反映出了县域居民消费状况。本章选取了人均社会消费品零售额作为衡量县域居民消费的指标，数据来源于 2013 年《中国城市统计年鉴》。

核心解释变量：城镇化发展，为了比较不同的城镇化发展战略对于居民消费的影响差异，本章分别采用了人口城镇化及空间城镇化进行衡量，指标的衡量主要借鉴国内学者研究的主流方法，其中，人口城镇化（urb）以城镇化率表示，即城镇人口占总人口的比重，空间城镇化（spc）则以城市建成区的面积衡量；县域居民收入水平，由于县域地区既包含城镇地区，也包含农村地区，本章分别以农村居民纯收入（ncsr）与城镇居民可支配收入（czsr）进行衡量，数据主要来源于 2013 年《中国城市统计年鉴》、各县市政府工作报告及《2013 年国民经济和社会发展统计公报》。

控制变量：影响县域居民消费的因素较多，本章主要选取了两个控制变量。金融发展（fir），主要用于反映县域金融发展的水平对居民消费的影响，无论是金融抑制论还是流动性约束理论，都证明了金融在居民消费中起着重要的作用，因此本章以金融相关率即县域金融机构年末贷款余额与县域生产总值之比进行衡量，数据来源于 2013 年《中国城市统计年鉴》；产业结构（stru），主要用于反映县域产业结构的高级化对居民消费水平的影响，相比工业产品而言，服务业产品难以在地区之间流动，一个地区的服务业越发达，其消费环境就越好，居民消费需求的释放空间也就越大，因此本章以第三产业增加值占县域生产总值的比例来衡量，预计该指标的符号为正，数据来源于 2013 年《中国城市统计年鉴》。

表 9-2 为各变量的描述性统计分析结果。从平均值来看，县域居民人均消费水平为 13 861.27 元，略低于 2012 年全国人均社会零售品消费额 15 531.8 元，仍有较大的消费市场待开发；从最值来看，县域居民人均消费水平的最小值与最大值的差额达到了 74 522.21 元，其比值则高达 74.58，而已有研究都将其视为一个整体进行分析，其估计结果难免失之偏颇，这也说明了在研究人口城镇化与空间城镇化对居民消费的影响时，进行分层差异研究的必要性。此外，从各变量的标

准差来看，该值明显较大，说明了各县级市之间的变量异质性十分显著。

表 9-2　各变量的描述性统计分析结果

变量	样本量	平均值	标准差	最小值	最大值
县域居民消费	363	13 861.27	9 121.63	1 012.79	75 535.00
人口城镇化	363	0.44	0.17	0.08	0.98
空间城镇化	363	28.78	17.91	3.00	155.00
城镇居民可支配收入	363	21 353.64	5 992.85	11 087.00	44 509.00
农村居民纯收入	363	10 311.99	3 272.97	3 615.97	23 000.00
金融发展	363	0.57	0.35	.02	2.22
产业结构	363	0.34	0.10	0.11	0.85

本章所选取的县域居民消费指标采用了人均指标而非总量进行衡量，主要是为了避免人口规模的差异而导致的总量偏差。由于统计资料的不完整性，本章对部分缺失的数据进行了相应处理[①]。此外，为了消除多重共线性及异方差等统计问题，对实证分析的所有变量均进行对数化处理。本章研究方法与 8.4.1 节一致。

9.5　实证结果分析

在所给出的分位数回归结果中，为了更为全面地刻画县域居民消费水平决定的分位数回归结果，我们选取了五个比较具有代表性的分位点：QR_10、QR_25、QR_50、QR_75、QR_90，分别代表低消费组、中低消费组、中等消费组、中高消费组及高消费组五个分组，从而便于研究人口城镇化及空间城镇化在不同消费水平的县域地区的消费拉动效应是否存在显著的差异，具体回归结果如表 9-3 所示。在模型Ⅰ和模型Ⅱ的回归结果中，除了人口城镇化与空间城镇化对居民消费的影响有显著差异之外，其余变量的估计结果非常相似。因此，接下来主要对人口城镇化和空间城镇化的效应进行分析。

---

① 对于部分缺失的数据，为了保障数据的可靠性，我们主要从各县级市的相关政府部门网站进行搜集补充，从而实现数据的完整性。

表 9-3　模型 I 与模型 II 的分位数回归结果

<table>
<tr><th rowspan="3">解释变量</th><th colspan="12">被解释变量：县域居民消费</th></tr>
<tr><th colspan="6">模型 I：人口城镇化</th><th colspan="6">模型 II：空间城镇化</th></tr>
<tr><th>OLS</th><th>QR_10</th><th>QR_25</th><th>QR_50</th><th>QR_75</th><th>QR_90</th><th>OLS</th><th>QR_10</th><th>QR_25</th><th>QR_50</th><th>QR_75</th><th>QR_90</th></tr>
<tr><td>城镇化</td><td>0.304***
(6.77)</td><td>0.241***
(3.88)</td><td>0.277***
(5.50)</td><td>0.343***
(6.37)</td><td>0.301***
(4.36)</td><td>0.345***
(4.54)</td><td>0.083**
(2.08)</td><td>−0.019
(−0.32)</td><td>0.114**
(2.47)</td><td>0.137***
(2.69)</td><td>0.089**
(1.99)</td><td>0.082
(1.41)</td></tr>
<tr><td>城镇居民可支配收入</td><td>0.913***
(7.69)</td><td>1.120***
(4.96)</td><td>0.734***
(3.41)</td><td>0.838***
(5.39)</td><td>0.786***
(3.86)</td><td>0.676***
(2.86)</td><td>0.789***
(6.37)</td><td>0.919***
(4.05)</td><td>0.803***
(4.89)</td><td>0.785***
(4.98)</td><td>0.499**
(2.04)</td><td>0.557**
(2.07)</td></tr>
<tr><td>农村居民纯收入</td><td>0.688***
(7.53)</td><td>0.782***
(5.34)</td><td>0.939***
(5.25)</td><td>0.738***
(5.61)</td><td>0.647***
(4.32)</td><td>0.735***
(4.25)</td><td>0.774***
(7.97)</td><td>0.888***
(5.87)</td><td>0.907***
(6.75)</td><td>0.764***
(5.06)</td><td>0.803***
(4.52)</td><td>0.699***
(3.33)</td></tr>
<tr><td>金融发展</td><td>−0.066*
(−1.81)</td><td>−0.023
(−0.35)</td><td>−0.033
(−0.61)</td><td>−0.101**
(−2.38)</td><td>−0.125**
(−2.22)</td><td>−0.015
(−0.28)</td><td>−0.058
(−1.51)</td><td>−0.044
(−0.68)</td><td>−0.060
(−1.18)</td><td>−0.091*
(−1.80)</td><td>−0.075
(−1.29)</td><td>−0.026
(−0.37)</td></tr>
<tr><td>产业结构</td><td>0.291***
(4.19)</td><td>0.285**
(2.05)</td><td>0.317***
(2.74)</td><td>0.283***
(3.13)</td><td>0.387***
(3.48)</td><td>0.349***
(3.92)</td><td>0.318***
(4.34)</td><td>0.304**
(2.32)</td><td>0.404***
(3.34)</td><td>0.325***
(3.33)</td><td>0.471***
(3.76)</td><td>0.353***
(2.61)</td></tr>
<tr><td>常数项</td><td>−5.475***
(−6.78)</td><td>−8.878***
(−6.61)</td><td>−6.222***
(−5.08)</td><td>−5.188***
(−5.81)</td><td>−3.536***
(−2.76)</td><td>−2.985**
(−2.34)</td><td>−5.550***
(−6.46)</td><td>−8.055***
(−5.29)</td><td>−7.144***
(−6.04)</td><td>−5.561***
(−5.45)</td><td>−2.527**
(−2.06)</td><td>−2.041
(−1.33)</td></tr>
<tr><td>伪 R^2</td><td></td><td>0.352</td><td>0.372</td><td>0.389</td><td>0.399</td><td>0.444</td><td></td><td>0.317</td><td>0.338</td><td>0.348</td><td>0.363</td><td>0.394</td></tr>
<tr><td>R^2</td><td>0.606</td><td></td><td></td><td></td><td></td><td></td><td>0.561</td><td></td><td></td><td></td><td></td><td></td></tr>
</table>

注：本表由 Stata12.0 软件计算得出，括号内为 t 统计量

*、**、***分别表示在 10%、5%、1%水平上显著

9.5.1　人口城镇化对县域居民消费的影响分析

从模型 I 的回归结果来看，人口城镇化的发展对县域居民消费影响的总体效应显著为正，这主要是由于随着人口城镇化的发展，农村人口不断向城镇的非农产业集聚，容易在城镇部门形成集聚效应，这有利于城镇规模经济的形成。尽管这一过程中会产生一定的"拥挤成本"，但在当前城镇化发展的快速阶段，城镇化所带来的集聚效应往往大于其外部成本效应（温涛和王汉杰，2015），有利于城镇经济的快速发展，促进农业转移人口与城镇居民收入水平的提升；从农村部门来看，农村剩余劳动力的不断减少有助于农业的规模化生产，提高农业部门的生产率，进而促进农村居民的增收。同时，城镇较好的消费环境能够提供更多的消费选择，释放潜在的消费需求。此外，根据消费的示范效应理论，城镇居民的消费方式及习惯能够在一定程度上影响从农村向城市转移的农村人口，引导其消费结构不断升级，使消费的方式呈现出多元化的态势，从而提升其消费水平。具体从不同分位点的系数来看，可以发现随着分位点的上升，人口城镇化对县域居民消费的影响有所加强，即人口城镇化在低消费组的作用较弱。这很可能是因为较低

消费水平的县域地区受地方经济发展水平的限制，难以为农业转移人口提供大量优质的就业岗位，使其非农收入无法快速增长，在收入水平不高的基础上，加之农业转移人口的利他性特点①，能够用于自身消费的部分十分有限（都阳和朴之水，2003）。一方面，不完善的公共服务体系加大了农业转移人口对未来不确定性的担忧而降低了其消费的信心；另一方面，较为落后的消费环境无法提供便利与多样化的消费市场，会在一定程度上抑制农业转移人口的消费欲望。因此，如何促进低消费水平地区的经济发展、逐步构建起完善的社会保障体系，是实现城镇化发展与居民消费水平增长协同并进的关键。

9.5.2 空间城镇化对县域居民消费的影响分析

从模型Ⅱ的回归结果来看，空间城镇化的发展对县域居民消费影响的总体效应显著为正，这主要是由于城镇规模的扩大往往伴随着大量基础设施的投入，一方面，基础设施建设的主要劳动力是农业转移人口，能够增加农业转移人口的就业机会，提高其收入水平（陆铭和陈钊，2004）；另一方面，更加健全的城镇基础设施能够为居民提供更好的生活及消费环境，有助于其消费潜力的释放与消费结构的转变，从而提升居民的总体消费水平。具体从不同分位点的系数来看，空间城镇化对居民消费的影响在低消费组（QR_10）及高消费组（QR_90）的影响并不显著，在其余分位点上的弹性系数呈现出倒"U"形分布。笔者认为出现这种现象的原因在于，在低消费的县域地区，由于经济发展水平不高，政府的财政资金来源十分有限，在大力推进空间城镇化时，财政资金难以承担。一方面，在居民的收入水平无法得到保障时，其预防性储蓄动机自然也随之上升，从而抑制了消费欲望；另一方面，空间城镇化的发展意味着大量的农村土地被征用，由于土地被征收费用相对低廉，农村居民处于弱势状态，这不仅无法有效提升其消费水平，而且导致了种种利益纠纷与社会矛盾。而在高消费的县域地区，基础设施水平较为完善，在城镇人口没有大幅度增长时，继续推行空间城镇化的发展战略会使大量财政资金投入所建设起来的新城区最终演变为"鬼城"②，这严重降低了财政资源的配置效率，不利于县域经济的健康发展，

---

① 主要是指农业转移人口的转移行为往往是利他性的，主要通过自身收入的汇款转移提升家庭其他成员的福利水平。都阳和朴之水（2003）的研究结果表明中国贫困地区的农村劳动力迁移是符合利他性假说的，且其收入的转移比例在40%以上。

② 中国大陆城市"鬼城"指数排行榜（2015）的前50个城市中，地级城市26个，县级城市24个。其中，前十名的城市有6个是县级市。

进而约束了县域居民收入的进一步增长。同时,长期高额度的基础设施建设投资,会使地区的通货膨胀水平加剧,不利于居民消费的健康发展。不置可否,空间城镇化是城镇化发展过程中的必然表现,但其出发点若脱离了"以人为本",盲目推进"水泥城镇化"将会阻碍城镇化发展战略红利的释放,无法促进居民消费的稳步提升。

9.5.3 人口城镇化与空间城镇化对县域居民消费影响的差异分析

为了在同一分析框架中对不同城镇化发展模式对于居民消费的影响进行比较,本章进一步给出了模型Ⅲ的回归结果(表 9-4)。可以看出,无论是核心变量还是控制变量,模型Ⅲ的回归结果与模型Ⅰ和模型Ⅱ基本保持一致。因此,本章接下来将对人口城镇化和空间城镇化的影响差异进行比较分析,同时对相关控制变量的回归结果进行解释。

表 9-4 模型Ⅲ的分位数回归结果

解释变量	被解释变量:县域居民消费					
	OLS	QR_10	QR_25	QR_50	QR_75	QR_90
人口城镇化	0.301*** (6.75)	0.281*** (4.59)	0.251*** (4.62)	0.329*** (6.05)	0.319*** (5.82)	0.358*** (4.82)
空间城镇化	0.076** (2.03)	0.051 (0.90)	0.087* (1.78)	0.099** (2.18)	0.126*** (2.59)	0.027 (0.37)
城镇居民可支配收入	0.905*** (7.66)	1.155*** (5.32)	0.742*** (3.81)	0.872*** (6.53)	0.800*** (4.26)	0.704*** (2.79)
农村居民纯收入	0.643*** (6.87)	0.735*** (4.80)	0.954*** (5.87)	0.621*** (4.83)	0.565*** (4.09)	0.678*** (3.57)
金融发展	−0.060* (−1.66)	0.011 (0.18)	−0.069 (−1.26)	−0.071* (−1.68)	−0.092* (−1.75)	−0.022 (−0.39)
产业结构	0.277*** (3.98)	0.321** (2.40)	0.392*** (3.43)	0.308*** (3.81)	0.268** (2.37)	0.338*** (3.04)
常数项	−5.251*** (−6.47)	−8.864*** (−6.86)	−6.681*** (−5.71)	−4.703*** (−5.39)	−3.444*** (−3.01)	−2.843** (−2.03)
伪 R^2		0.353	0.377	0.398	0.410	0.446
R^2	0.611					

注:本表由 Stata12.0 软件计算得出,括号内为 t 统计量
*、**、***分别表示在 10%、5%、1%水平上显著

首先,从人口城镇化与空间城镇的系数差异来看,无论是总体的回归结果还

是各个分位点的回归结果，人口城镇化对县域居民消费拉动的弹性系数明显要大于空间城镇化。这说明了尽管空间城镇化能够在一定程度上促进县域居民的消费水平，但相比人口城镇化而言，其拉动作用十分有限。毋庸置疑，城镇化发展的本质是人的生产、生活方式的转变，空间城镇化的发展应当是以人口城镇化发展为基础，城镇规模的扩张是为了进一步满足不断流入城镇的农业转移人口的需求，为其全面发展提供完善的物质条件基础。在当前"半城市化"问题越发突出的现实背景下，只有合理地规划空间城镇化的发展，提高地方政府财政资源的配置效率，加强公共服务体系的建设，才能使人口城镇化与空间城镇化协调发展，有效提升居民消费水平。这一研究结论为当前地方政府城镇化发展模式的选择提供了一定的借鉴意义。

从其他变量来看，收入水平始终是影响县域居民消费的决定性因素。从城镇居民可支配收入和农村居民纯收入的回归结果来看，城镇居民可支配收入的弹性系数明显大于农村居民纯收入，出现这一现象的根本原因在于，相比城镇居民而言，由于当前农村地区社会保障体系的不健全，农村居民对未来存在着较大的不确定性，这往往会提高其预防性储蓄动机，进而抑制了其消费欲望。从分位点分布图来看，随着分位点的上升，两者的边际消费倾向都整体呈下降态势。这可能是由于消费水平较低的地区，家庭的收入水平一般处于较低水平，其消费支出主要集中在基本生活资料方面；而随着消费水平的不断提高，基本消费需求已在很大程度上得到了满足，导致边际消费倾向下降，使消费率降低。而金融发展的弹性系数显著为负，且在中等消费组（QR_50）和中高消费组（QR_75）产生了抑制作用，这说明县域金融发展仍处于抑制状态，在金融资源产生信贷配给的背景下，无法有效缓解居民的流动性约束水平，降低了其平滑当期消费的可能性，从而抑制了县域居民消费水平。产业结构的弹性系数都显著为正，在各分位点上不存在明显的差异，即在不同消费水平的县域地区对居民消费的拉动作用较为稳定。这说明县域的服务业越发达，越能够为居民消费提供更多的选择，释放其消费需求，从而有效拉动县域居民的消费，通过产业结构的高级化来满足居民消费结构的变化，也是当前实施供给侧结构性改革的题中应有之义。

此外，为了保证计量模型的稳定性，我们分别使用了单位从业人员数占县域总人口的比重及固定资产的投资总额替代人口城镇化和空间城镇化指标，进一步进行模型Ⅰ和模型Ⅱ的稳健性检验，检验结果如表9-5所示，可以发现回归结果基本保持一致，这表明了人口城镇化和空间城镇化对县域居民消费的影响比较稳健，同时在一定程度上验证了本章理论推导的合理性。

表 9-5　模型Ⅰ与模型Ⅱ的稳健性检验结果

解释变量	被解释变量：县域居民消费											
	模型Ⅰ'：人口城镇化						模型Ⅱ'：空间城镇化					
	OLS	QR_10	QR_25	QR_50	QR_75	QR_90	OLS	QR_10	QR_25	QR_50	QR_75	QR_90
城镇化	0.227*** (6.49)	0.143** (1.97)	0.188*** (3.44)	0.238*** (4.99)	0.277*** (6.34)	0.424*** (5.45)	0.115*** (3.46)	0.119** (2.18)	0.219*** (4.58)	0.150*** (2.90)	0.137*** (2.76)	0.078 (1.19)
城镇居民可支配收入	0.653*** (5.44)	0.834*** (3.88)	0.631*** (3.10)	0.553*** (3.08)	0.647*** (3.98)	0.629*** (2.91)	0.681*** (5.36)	0.593*** (2.68)	0.529*** (3.43)	0.707*** (4.39)	0.550** (1.98)	0.710*** (2.88)
农村居民纯收入	0.769*** (8.56)	0.832*** (6.54)	0.928*** (4.99)	0.851*** (5.86)	0.657*** (5.21)	0.561*** (4.06)	0.720*** (7.36)	0.859*** (5.89)	0.834*** (6.81)	0.615*** (4.40)	0.622*** (3.39)	0.559*** (2.61)
金融发展	−0.108* (−2.92)	−0.044 (−0.65)	−0.087 (−1.02)	−0.156*** (−2.96)	−0.182** (−4.81)	−0.165*** (−3.17)	−0.057 (−1.50)	−0.049 (−0.82)	0.014 (0.32)	−0.080* (−1.50)	−0.121* (−1.87)	−0.077 (−1.26)
产业结构	0.323*** (4.65)	0.288** (2.20)	0.291*** (2.62)	0.321*** (3.67)	0.410*** (4.99)	0.323*** (2.50)	0.385*** (5.22)	0.405** (3.03)	0.424*** (3.26)	0.384*** (3.86)	0.501*** (4.95)	0.392*** (2.86)
常数项	−3.360*** (−3.76)	−6.422*** (−3.35)	−4.990*** (−3.24)	−3.098*** (−2.46)	−1.869* (−1.73)	−0.360 (0.24)	−5.258*** (−6.14)	−6.170*** (−3.74)	−6.409*** (−5.64)	−5.055*** (−4.92)	−3.021** (−2.38)	−3.132** (−2.12)
伪 R^2		0.336	0.358	0.381	0.423	0.461		0.334	0.353	0.359	0.369	0.396
R^2	0.602						0.569					

注：本表由 Stata12.0 软件计算得出，括号内为 t 统计量
*、**、***分别表示在 10%、5%、1% 水平上显著

9.6　结论和政策启示

本章运用 2012 年全国 363 个县级市的截面数据对我国人口城镇化及空间城镇化对县域居民消费影响的分层差异进行的研究发现：①人口城镇化对县域居民消费的影响具有显著的促进作用，且随着分位点的上升，其促进作用有所加强；虽然空间城镇化对县域居民消费的总体影响具有显著的促进作用，但在低消费组（QR_10）和高消费组（QR_90）作用并不显著，且其弹性系数在其余分位点上呈现出倒"U"形分布。②从人口城镇化与空间城镇化对县域居民消费影响的比较来看，人口城镇化对县域居民消费的拉动作用明显要大于空间城镇化。③从居民收入来看，无论是城镇居民可支配收入，还是农村居民纯收入，均对县域居民消费有着显著的正向作用，且两者的边际消费倾向都随着消费水平的上升整体呈下降态势，但总体而言，城镇居民的边际消费倾向要大于农村居民。④金融发展

尚未有利于县域居民消费的提升，甚至在中等消费组（QR_50）和中高消费组（QR_75）产生了抑制作用；而产业结构升级有效促进了县域居民的消费水平，且在不同消费水平县域地区的促进作用较为稳定。

基于此，本章的政策启示主要包含以下几个方面：①在城镇化发展战略的实施中，应当遵循城镇化发展的客观规律，改变以往地方政府的政绩考核体系，推行以人口城镇化为核心的政策方针，使空间城镇化的发展以人口城镇化为基础，从而使城镇化的发展进入良性循环，为居民消费的提升创造出良好的经济基础与消费环境，从而有效提升居民消费水平。②在人口城镇化的发展过程中，应改变传统的推进模式，真正实现农业转移人口的市民化，尤其是在低消费水平的县域地区，在健全农业转移人口社会保障体系的基础上，应当注重其就业机会、就业权益等问题，实现人口城镇化与居民消费增长的良性互动。③健全农业基础设施的投入，完善农村地区的社会保障体系，加强农村财政金融政策的协调配合，促进农村居民收入的稳定增长，从而提升低消费水平地区的农村居民边际消费倾向。④在县域金融发展方面，地方政府应该对金融资源的流动进行合理的引导，加快消费金融体系的建立，在推动县域经济发展、促进县域居民增收的同时，降低其在消费时产生流动性约束的可能性；在产业结构升级方面，使产业结构升级与供给侧结构性改革协调配合，为县域居民消费结构的升级提供可靠的保障，从而释放出县域居民的消费需求。

第 10 章　总结与展望

10.1　总　　结

本书通过文献回顾、理论分析、计量检验探讨了中国农村居民消费行为及结构演化研究，揭示了在新常态背景下扩大我国农村消费市场的必要性，剖析了现今农村居民消费行为的形成原因，明确了未来农村居民消费结构优化的重点。研究结论的总结和未来的拓展空间梳理如下。

10.1.1　农村居民整体消费水平提高，消费结构有待优化

我国农村居民消费市场存在较大的潜力，整体消费水平显著提高，消费结构发生了一定的变化，其中食品支出明显下降，居住和交通通信支出明显上升，但是从具体构成分布比例来看，基本生存型消费支出在农村居民消费支出中仍旧占主导地位，而发展型消费支出和享乐型消费支出在农村居民消费支出中占比较少，因此，农村居民消费结构还存在着一定的不合理性。未来消费结构的优化重点在于增加发展型消费支出和享乐型消费支出对农村居民消费的贡献，所以，政府应鼓励发展新的消费热点和消费方式，特别是发展农村第三产业及新型文化产业，从而提高农村居民的消费水平和质量。

10.1.2　农村居民消费观念保守，消费行为需长期引导

过去农村改革中政策的不确定性和不适应性、农村社会保障制度的不健全、

农村基础设施建设的落后等因素,都使得我国农村居民消费观念保守。虽然党中央的一号文件从 2004 年开始连续锁定"三农"问题,但是农村居民当期消费对过去消费的依赖性在 2004 年之后得到了强化,我国农村居民消费行为表现出了显著的习惯形成。鉴于消费习惯是在长期中形成的,我国农村居民保守的消费行为在短期内是难以改变的,因此,国家应该继续坚持对"三农"的政策倾斜,加快农村社会保障制度的健全和农村基础设施的建设,提高农村公共服务水平,同时,各级政府应该积极宣传合理的消费形式,引导农村居民树立新型的消费观念。

10.1.3 收入及其结构是制约农村居民消费发展的关键因素

我国农村居民的消费水平和消费结构在很大程度上受农村居民收入水平及结构的严格制约,收入的持续、稳定、快速增长及收入结构合理化是农村居民消费水平提高和结构优化的关键。家庭经营性收入和工资性收入依旧是农村居民主要且较稳定的收入来源,而转移性收入和财产性收入在农村居民收入中占比小且具有波动性,因此,我国农村居民收入结构存在一定的不合理性。农业的合理发展是家庭经营性收入稳步增长的保障,城镇化的有序推进是农民工资性收入增加的源泉,而政策的不稳定性是转移性收入波动的原因,农地扭转不顺畅、农村金融服务滞后等问题都制约着农村居民财产性收入的增长。

就总体而言,提高农村居民消费水平还是主要依靠家庭经营性收入和工资性收入的增加,而转移性收入和财产性收入是拉动消费增长的突破口。就区域而言,东、中、西部三个地区农民的消费结构和收入结构的合理性依次降低,中、西部地区相较于东部地区,农村居民的"心理账户"现象更为明显。其中,相对富裕的东部地区的工资性收入对消费增长的贡献最大,中部地区还需要全面释放家庭经营性收入和财产性收入在各个消费项上的活力,西部地区的各项收入还是集中于满足基本消费需求和医疗保障支出,因此,各区域在制定消费政策的时候应该因地制宜,避免"一刀切"的情况。

10.1.4 财政金融对农村居民消费的拉动作用需加强

就农村层面而言,从整体上来看,财政金融支农投入有效地拉动了农村居民消费的增长，其中，财政支农投入的拉动作用更强，金融支农投入的拉动作用则需要提高。从阶段上来看，自 2004 年开始，金融支农投入的拉动效应逐渐显现，而由于财政支农资金配置不合理，财政支农投入的拉动效应减弱，应建立合理的财政监督机制以提高财政支农资金分配效率。从区域上来看，在财政实力较强的东部地区和国家重点扶持的西部地区，财政支农投入的拉动效应显著，而在中部地区，财政支农投入的拉动效应则不显著。金融支农投入促进了东部和中部地区的农村居民消费的增长，而抑制了西部地区的农村居民消费的增加。因此，政府应加大中部地区的财政支农投入，加快西部地区农村金融体系的建设。就县域层面而言，财政金融政策难以有效拉动县域居民消费的增长。从分层差异上来看，财政政策仅对具有中高及高消费水平的县域居民的消费产生了显著的正向拉动作用，而金融投入不仅没有对县域居民的消费起到拉动作用，反而还对具有中高消费水平的县域居民的消费产生了抑制的作用。因此，政府应进一步优化财政金融投入配置，以促进县域消费的均衡发展。

10.1.5　缩小城乡居民收入差距是消除城乡居民消费差异的根本

缩小城乡居民收入差距能够有效提升农村居民消费水平和加速农村居民消费结构升级。我国城乡居民之间的收入差异根源于长久以来的城乡经济发展的二元结构，进而拉大城乡居民在消费水平和结构上的差距。从收入结构上来看，家庭经营性收入的增长受到了城乡资源流动不畅、农村资源匮乏、农业生产力低下等因素的限制；工资性收入虽然因为城镇化的推进得到了改善，但其增长同样受到了劳动力素质低下、技术落后、产业政策倾斜城市等因素的影响；城乡居民间转移性收入的悬殊反映了城乡居民间社会福利的悬殊；农村居民财产性收入远少于城镇居民则暴露出了农村金融服务不健全、土地制度不合理等问题。

针对上述问题，从根本上优化国民收入分配格局是解决城乡居民消费差异问题的关键。因此，有必要对农业生产要素进行重新配置，在生产中引入分工机制，实现农业生产经营规模化、分工化、专业化、集约化、组织化，以此增加农村居民的家庭性经营收入。扩大农村金融服务供给，丰富农村金融服务种类，改革农村土地征用和产权制度，加速农村用地市场化配置进程，释放农村土地承包权、宅基地使用权、集体收益分配权的财产属性，进而提升农民财产性收入。积极引导农村工业发展及农业剩余劳动力向城镇第二产业、第三产业转移，并加强农民工的技能培训，从而提高农村居民的工资性收入。加强农村基础设施建设，提升农村居民基本公共服务水平，加大和提高财政支出转移力度和效率，完善农村居民社会保障制度，特别是对老龄化背景下农村养老保障机制的健全，这都有利于促进农村居民转移性收入的增长。

10.1.6 "以人为本"的新型城镇化是驱动县域居民消费的重要途径

在经济新常态背景下，城镇化的发展是实现居民消费结构升级、消费潜力释放的根本动力，是保持经济持续健康发展的强大引擎。从县域层面来看，人口城镇化对县域居民消费的影响具有显著的促进作用，且随着分位点的上升，其促进作用有所加强；虽然空间城镇化对县域居民消费的总体影响具有显著的促进作用，但在低消费组（QR_10）和高消费组（QR_90）作用并不显著，且其弹性系数在其余分位点上呈现出倒"U"形分布。从人口城镇化与空间城镇化对县域居民消费影响的比较来看，人口城镇化对县域居民消费的拉动作用明显要大于空间城镇化。因此，在城镇化发展战略的实施中，应当遵循城镇化发展的客观规律，改变以往地方政府的政绩考核体系，推行以人口城镇化为核心的政策方针，使空间城镇化的发展以人口城镇化为基础，从而使城镇化的发展进入良性循环，为居民消费的提升创造出良好的经济基础与消费环境，从而有效提升居民消费水平。以人的城镇化带动居民消费水平，从而实现经济的可持续增长。

10.2 展　　望

本书从不同的切入视角和层次对中国农村居民消费行为及结构演化进行了多维度分析，就其基本框架而言，有几个核心环节是必须研究的。第一，农村居民消费行为和结构演化的历史进程，本书梳理了从"六五"时期到"十三五"时期各个阶段的农村居民消费行为和结构，并通过与城镇居民消费行为及结构进行对比，总结了每个时期的农村居民消费的行为特征和消费结构发生的变化。第二，目前中国农村居民消费行为和消费结构是否合理，就本书研究结论而言，现今我国农村居民消费行为和消费结构还存在一定的不合理性。第三，影响中国农村居民消费行为和结构演化的重要因素，本书除了发现收入及其结构是制约农村居民消费发展的关键因素，还发现农村居民拥有的资产数量、农村医疗条件、农业税收政策等因素都对农村居民消费行为及结构产生了显著的影响。第四，如何改善和升级中国农村居民消费行为和消费结构，从大方向来看，优化国民收入分配结构、推动人口城镇化的发展是根本的解决办法。

虽然本书对中国农村居民消费行为及结构演化进行了较为全面的研究，但是该主题还是有值得广大学者继续细致探讨的空间，该书的研究展望梳理如下。

10.2.1　进一步挖掘影响农村居民消费行为和结构演化的因素

本书除了将收入作为影响农村居民消费的核心因素，还选取了少数几个较为传统的影响因素。然而，随着互联网金融的快速发展，新型消费模式的出现正在打破空间和时间的约束，这对于城镇居民和农村居民的消费环境、观念、行为都是一个冲击，因此本书认为，未来研究不应该仅局限于过去传统的影响因素，而应该积极挖掘能够释放农村居民消费活力的新引擎。此外，随着城镇化的稳步推进，城乡之间的人口流动数量和频率逐渐增多和增强，身处城镇中的农民工作为农村居民中的一个特殊群体，他们的消费行为和结构演化也是一个值得拿出来单独探讨的话题。

10.2.2　进一步探讨农村居民收入结构及分层对农村居民消费分层的影响

本书探讨了农村居民收入及结构对农村居民整体消费水平及结构的影响，以2004年为政策分界点，从阶段上做出了划分，并按照东部地区、西部地区、中部地区进行了区域上的研究。此外，该书基于县域的视角，对县域居民消费水平进行了分层，研究了整体收入水平对处于不同层次消费水平的农村居民消费的影响。鉴于对该书研究对象的梳理，我们发现还可以从农村的视角出发，研究农村居民收入分层对农村居民消费结构的影响，以及农村居民收入结构对农村居民消费分层的影响，以此发现不同收入水平的农村居民的消费行为差异，并从区域上和阶段上对这些研究加以细分。

10.2.3　进一步探索财政金融投入对农村居民消费影响的内部机制

从财政投入对农村居民消费的影响来看,财政投入主要通过政府消费性支出、政府投资性支出、政府转移性支出、税收政策这四条路径对农村居民消费产生作用,而农村居民的消费可以分为基本生存性消费支出、基本性消费支出、享乐性消费支出,因此,我们可以进一步研究不同的财政支出类型对农村居民整体的消费及其具体消费结构的影响,从而深度挖掘财政投入与农村居民消费之间的内在机理。

从金融投入对农村居民消费的影响来看,我国整体金融发展时间较短,而农村金融市场更是存在着发展滞后、金融供给总量不足、金融工具单一等问题,因此,在广大的中国农村地区及县域地区,普遍存在着金融抑制的现象。在这样的背景下,农村居民因为无法依靠正规金融渠道满足其日常金融需求,会转而选择非正规金融渠道获得金融服务。所以,我们可以从正规金融渠道和非正规金融渠道的角度出发,探索它们对农村居民消费行为和消费结构是否有显著的影响,产生的影响是否存在差异。

10.2.4　进一步研究城乡居民收入差距对农村居民消费行为和结构演化的作用

本书针对城乡居民和农村居民的消费行为和结构,分别进行了实证研究并做了相关的对比工作,同时,从理论上基本厘清了城乡居民在收入、社会福利、工资水平、居民家庭拥有资产状况、生活水平上的差距对农村居民消费的作用机制。但是本书并没有从实证上去描述以上五个方面的城乡居民差距对农村居民消费的具体影响机制,因此,本书认为,未来研究可以考虑选取合适变量,将城乡居民差距与农村居民消费行为和结构真正融合在一个模型中,通过计量的方法去验证本书中提到的关于城乡居民差距影响农村居民消费的理论分析。

10.2.5 进一步研究城镇化发展对农村居民消费结构升级的作用

本书着重探讨了城镇化对县域居民消费的影响，在厘清两种不同的城镇化发展模式对县域居民消费影响的作用机制的基础之上，首先，实证分析了人口城镇化与空间城镇化对县域居民消费的分层差异，其次，进一步对比了两种不同模式之间的作用差异。但受县域层面的数据所限，所探讨的层面仅局限于居民的总体消费水平，而在新时期背景下，农村居民消费结构的升级是保障消费可持续增长的关键所在。因此，本书认为，未来研究可进一步细化城镇化发展对农村居民消费结构升级的作用，并从中介作用的视角实证分析其内在传导机制，弥补既有研究的不足。

参 考 文 献

蔡跃洲. 2009. 经济刺激计划与农村消费启动——基于我国农村居民收入分解的实证分析. 财经研究,（7）: 4-12.
陈斌开, 陈琳, 谭安邦. 2014. 理解中国消费不足: 基于文献的评述. 世界经济,（7）: 3-22.
陈斌开, 林毅夫. 2013. 发展战略、城市化与中国城乡收入差距. 中国社会科学,（4）: 81-102, 206.
陈斌开, 张鹏飞, 杨汝岱. 2010. 政府教育投入、人力资本投资与中国城乡收入差距. 管理世界,（1）: 36-43.
陈东, 刘金东. 2013. 农村信贷对农村居民消费的影响——基于状态空间模型和中介效应检验的长期动态分析. 金融研究,（6）: 160-172.
陈娟, 林龙, 叶阿忠. 2008. 基于分位数回归的中国居民消费研究. 数量经济技术经济研究,（2）: 16-27.
陈琳, 袁志刚. 2012. 授之以鱼不如授之以渔?——财富资本、社会资本、人力资本与中国代际收入流动. 复旦学报（社会科学版）, 54（4）: 99-113, 124.
陈锡文. 1987. 中国农村经济: 从超常规增长转向常规增长. 经济研究,（12）: 23-32.
陈锡文. 2010. 当前农业和农村经济形势与"三农"面临的挑战. 中国农村经济,（1）: 4-9.
程恩富, 尹栾平. 2009. 加快转变对外经济发展方式须实现"五个控制和提升". 经济学动态,（4）: 63-66.
储德银, 闫伟. 2009. 地方政府支出与农村居民消费需求——基于1998—2007年省级面板数据的经验分析. 统计研究,（8）: 38-44.
崔海燕, 范纪珍. 2011. 内部和外部习惯形成与中国农村居民消费行为——基于省级动态面板数据的实证分析. 中国农村经济,（7）: 54-62.
崔海燕, 杭斌. 2014. 收入差距、习惯形成与城镇居民消费行为. 管理工程学报, 28（3）: 135-140, 82.
都阳, 朴之水. 2003. 劳动力迁移收入转移与贫困变化. 中国农村观察,（5）: 2-9, 17-80.
杜海韬, 邓翔. 2005. 流动性约束和不确定性状态下的预防性储蓄研究——中国城乡居民的消费特征分析. 经济学（季刊）, 4（1）: 297-316.
杜莉, 沈建光, 潘春阳. 2013. 房价上升对城镇居民平均消费倾向的影响——基于上海市入户调查数据的实证研究. 金融研究,（2）: 44-57.
段晓强. 2004. 90年代初以来我国城乡居民消费的实证分析. 当代经济研究,（8）: 68-72.

樊纲, 王小鲁. 2004. 消费条件模型和各地区消费条件指数. 经济研究,（5）: 13-21.
范剑平, 刘国艳. 2001. 我国农村消费结构和需求热点变动趋势研究. 农业经济问题,（1）: 46-52.
范剑平, 向书坚. 1999. 我国城乡人口二元社会结构对居民消费率的影响. 管理世界,（5）: 35-38, 63.
方福前. 2009. 中国居民消费需求不足原因研究——基于中国城乡分省数据. 中国社会科学,（2）: 68-82, 205-206.
方匡南, 章紫艺. 2013. 社会保障对城乡家庭消费的影响研究. 统计研究, 30（3）: 51-58.
方松海, 王为农, 黄汉权. 2011. 增加农民收入与扩大农村消费研究. 管理世界,（5）: 66-80, 187-188.
高觉民. 2005. 城乡消费二元结构及其加剧的原因分析. 消费经济,（1）: 3-7.
高梦滔, 毕岚岚, 师慧丽. 2008. 流动性约束、持久收入与农户消费——基于中国农村微观面板数据的经验研究. 统计研究, 25（6）: 48-55.
葛晓鳞, 郭海昕. 2010. 影响农村消费的收入结构效应分析. 湖南大学学报（自然科学版）,（6）: 88-92.
杭斌. 2009. 习惯形成下的农户缓冲储备行为. 经济研究,（1）: 96-105.
杭斌. 2010. 城镇居民的平均消费倾向为何持续下降——基于消费习惯形成的实证分析. 数量经济技术经济研究,（6）: 126-138.
杭斌, 闫新华. 2013. 经济快速增长时期的居民消费行为——基于习惯形成的实证分析. 经济学（季刊）,（4）: 1191-1208.
何兴强, 史卫. 2014. 健康风险与城镇居民家庭消费. 经济研究,（5）: 34-48.
贺菊煌. 1998. 消费函数研究. 数量经济技术经济研究,（12）: 18-26.
胡日东, 钱明辉, 郑永冰. 2014. 中国城乡收入差距对城乡居民消费结构的影响——基于LA/AIDS拓展模型的实证分析. 财经研究,（5）: 75-87.
胡永刚, 郭长林. 2013. 财政政策规则、预期与居民消费——基于经济波动的视角. 经济研究,（3）: 96-107.
贾男, 张亮亮. 2011. 城镇居民消费的"习惯形成"效应. 统计研究,（8）: 43-48.
贾男, 张亮亮, 甘犁. 2012. 不确定性下农村家庭食品消费的"习惯形成"检验. 经济学（季刊）,（1）: 327-348.
雷钦礼. 2003. 增量效用函数: 家庭消费理论的重新构建. 统计研究,（12）: 7-12.
雷钦礼. 2009. 财富积累、习惯、偏好改变、不确定性与家庭消费决策. 经济学（季刊）,（3）: 1029-1046.
雷潇雨, 龚六堂. 2014. 城镇化对于居民消费率的影响: 理论模型与实证分析. 经济研究,（6）: 44-57.
李爱梅, 凌文辁, 方俐洛, 等. 2007. 中国人心理账户的内隐结构. 心理学报,（4）: 706-714.
李稻葵, 徐欣, 江红平. 2012. 中国经济国民投资率的福利经济学分析. 经济研究,（9）: 46-56, 71.
李金昌, 窦雪霞. 2007. 经济转型时期中国农村居民消费与收入关系变迁实证分析. 中国农村经济,（7）: 45-52.
李立清, 李燕凌. 2003. 农村居民消费结构的多层次性灰度关联分析. 农业技术经济,（6）: 6-9.
李锐. 2003. 我国农村居民消费结构的数量分析. 中国农村经济,（5）: 12-17, 44.

李锐, 项海容. 2004. 不同类型的收入对农村居民消费的影响. 中国农村经济, (6): 9-12, 24.
李文星, 徐长生, 艾春荣. 2008. 中国人口年龄结构和居民消费: 1989—2004. 经济研究, (7): 118-129.
李翔, 朱玉春. 2013. 农村居民收入与消费结构的灰色关联分析. 统计研究, (1): 76-78.
李晓嘉. 2010. 财政支农支出与农村居民消费的动态效应分析. 经济学动态, (9): 31-34.
李扬, 张晓晶. 2015. "新常态": 经济发展的逻辑与前景. 经济研究, 50 (5): 4-19.
李义平. 2009. 论注重内需拉动的经济发展. 经济学动态, (4): 67-70.
李永友, 钟晓敏. 2012. 财政政策与城乡居民边际消费倾向. 中国社会科学, (12): 63-81, 207.
厉以宁. 1992. 中国宏观经济的实证分析. 北京: 北京大学出版社.
林文芳. 2011. 县域城乡居民消费结构与收入关系分析. 统计研究, (4): 49-56.
林毅夫. 1992. 制度、技术与中国农业的发展. 上海: 上海三联书店, 上海人民出版社.
林毅夫. 1994. 90年代中国农村改革的主要问题与展望. 管理世界, (3): 139-144.
林毅夫. 2003. "三农"问题与我国农村的未来发展. 农业经济问题, (1): 19-24, 79.
林毅夫. 2012. 解读中国经济. 北京: 北京大学出版社.
刘广明. 2011. 农村消费市场开拓的金融支持探析. 中央财经大学学报, (6): 35-40.
刘国光. 2002. 促进消费需求提高消费率是扩大内需的必由之路. 财贸经济, (5): 5-9.
刘建国. 2002. 城乡居民消费倾向的比较与城市化战略. 上海经济研究, (10): 54-60.
刘伟, 苏剑. 2014. "新常态"下的中国宏观调控. 经济科学, (4): 5-13.
刘小川, 汪利锬. 2014. 居民消费与最优政府支出: 理论与动态估计. 财贸经济, (7): 22-36.
刘艺容. 2007. 我国城市化率与消费率关系的实证研究. 消费经济, 23 (6): 54-56, 60.
刘志飞, 颜进. 2004. 从居民消费角度看城市化道路的选择. 城市问题, (3): 36-39.
陆铭, 陈钊. 2004. 城市化、城市倾向的经济政策与城乡收入差距. 经济研究, (6): 50-58.
龙志和, 王晓辉, 孙艳. 2002. 中国城镇居民消费习惯形成实证分析. 经济科学, (6): 29-35.
隆宗佐, 曾福生. 2002. 拓展农村消费市场的金融支撑研究. 农业经济问题, (4): 45-47.
马树才, 刘兆博. 2006. 中国农民消费行为影响因素分析. 数量经济技术经济研究, (5): 20-30.
毛其淋. 2011. 地方政府财政支农支出与农村居民消费——来自中国29个省市面板数据的经验证据. 经济评论, (5): 86-97.
毛中根, 孙豪, 黄容. 2014. 中国最优居民消费率的估算及变动机制分析. 数量经济技术经济研究, (3): 134-147.
南建党. 2008. 东部地区农村居民消费结构分析. 统计与决策, (2): 92-94.
倪建伟, 胡彩娟. 2010. 基于扩大内需背景的城市化发展战略研究——城乡一体化的视角. 农业经济问题, (11): 11-15.
宁一非. 2008. 农民消费现状及对新农村建设的启示——以四川省农村地区为例. 农业经济问题, (9): 82-85.
农村消费问题研究课题组, 陈文玲, 郭立仕. 2007. 关于农村消费的现状及政策建议. 财贸经济, (2): 68-73, 129.
农牧渔业部经济政策研究中心经济增长问题课题组. 1987. 常规增长, 抑或发展迟滞——对农村经济发展的现实判断. 经济研究, (9): 48-55.
欧阳峣, 傅元海, 王松. 2016. 居民消费的规模效应及其演变机制. 经济研究, 51 (2): 56-68.

欧阳志刚. 2014. 中国城乡经济一体化的推进是否阻滞了城乡收入差距的扩大. 世界经济,（2）: 116-135.

潘明清, 高文亮. 2014. 我国城镇化对居民消费影响效应的检验与分析. 宏观经济研究,（1）: 118-125.

裴长洪. 2015. 经济新常态下中国扩大开放的绩效评价. 经济研究,（4）: 4-20.

彭小辉, 史清华, 朱喜. 2013. 不同收入的消费倾向一致吗? 基于全国农村固定观察点调查数据的分析. 中国农村经济,（1）: 46-54.

齐天翔. 2000. 经济转轨时期的中国居民储蓄研究——兼论不确定性与居民储蓄的关系. 经济研究,（9）: 25-33.

祁毓. 2010. 不同来源收入对城乡居民消费的影响——以我国省级面板数据为例. 农业技术经济,（9）: 45-56.

史清华, 林坚, 顾海英. 2005. 农民进镇意愿、动因及期望的调查与分析. 中州学刊,（1）: 45-50.

苏良军, 何一峰, 金赛男. 2005. 暂时收入真正影响消费吗?——来自中国农村居民面板数据的证据. 管理世界,（7）: 26-30.

孙江明, 钟甫宁. 2000. 农村居民收入分配状况及其对消费需求的影响. 中国农村观察,（5）: 9-13, 80.

孙慧钧. 2007. 中国西部地区农村居民消费结构分析——以陕西省农村居民消费为例. 财经问题研究,（3）: 81-86.

谭涛, 张燕媛, 唐若迪, 等. 2014. 中国农村居民家庭消费结构分析: 基于QUAIDS模型的两阶段一致估计. 中国农村经济,（9）: 17-31, 56.

万广华, 张茵, 牛建高. 2001. 流动性约束、不确定性与中国居民消费. 经济研究,（11）: 35-44, 94.

汪利娜. 2001. 加快城市化: 启动消费的现实选择. 经济学动态,（9）: 37-40.

汪伟, 艾春荣, 曹晖. 2013. 税费改革对农村居民消费的影响研究. 管理世界,（1）: 89-100.

王飞, 成春林. 2003. 城镇化对我国居民消费率的影响. 甘肃农业,（11）: 19-20.

王健宇, 徐会奇. 2010. 收入性质对农民消费的影响分析. 中国农村经济,（4）: 38-47.

王小华. 2014. 县域金融发展、财政支出与城乡居民收入差距的分层差异研究. 当代经济研究,（9）: 68-74.

王小华. 2015. 农民收入超常规增长的要素配置与政策调控. 西南大学博士学位论文.

王小华, 温涛. 2015. 城乡居民消费行为及结构演化的差异研究. 数量经济技术经济研究,（10）: 90-107.

魏建, 杨志明, 张广辉. 2011. 财政支农支出对农村居民消费结构的影响: 基于中国省际面板数据的分析. 农业技术经济,（11）: 45-54.

温涛, 田纪华, 王小华. 2013. 农民收入结构对消费结构的总体影响与区域差异研究. 中国软科学,（3）: 42-52.

温涛, 王汉杰. 2015. 产业结构、收入分配与中国的城镇化. 吉林大学社会科学学报, 55（4）: 134-143, 252.

武少俊. 2003. 强化消费需求启动措施, 保证经济持续快速增长. 金融研究,（5）: 106-116.

习近平. 2017. 习近平谈治国理政. 2卷. 北京: 外文出版社.

徐敏, 姜勇. 2015. 中国产业结构升级能缩小城乡消费差距吗?. 数量经济技术经济研究, (3): 3-21.

许经勇. 1994. 论土地市场的发育. 财经科学, (3): 35-39.

颜色, 朱国钟. 2013. "房奴效应"还是"财富效应"?——房价上涨对国民消费影响的一个理论分析. 管理世界, (3): 34-47.

杨俊, 李晓羽, 张宗益. 2006. 中国金融发展水平与居民收入分配的实证分析. 经济科学, (2): 23-33.

杨圣明. 2013. 加快建立扩大消费需求长效机制问题. 财贸经济, (3): 5-12.

杨赞, 赵丽清, 陈杰. 2013. 中国城镇老年家庭的消费行为特征研究. 统计研究, (12): 83-88.

叶宗裕. 2007. 我国城镇居民边际消费倾向的实证研究. 经济经纬, (6): 64-66.

易行健, 杨碧云. 2015. 世界各国(地区)居民消费率决定因素的经验检验. 世界经济, (1): 3-24.

余永定, 李军. 2000. 中国居民消费函数的理论与验证[J]. 中国社会科学, 2000 (1): 123-133, 207.

岳爱, 杨矗, 常芳, 等. 2013. 新型农村社会养老保险对家庭日常费用支出的影响. 管理世界, (8): 101-108.

臧旭恒. 1994. 中国消费函数分析. 上海: 上海人民出版社.

臧旭恒. 2001. 居民资产与消费选择行为分析. 上海: 上海三联书店, 上海人民出版社.

臧旭恒, 裴春霞. 2007. 转轨时期中国城乡居民消费行为比较研究. 数量经济技术经济研究, 24 (1): 65-72, 91.

张川川, John Giles, 赵耀辉. 2015. 新型农村社会养老保险政策效果评估——收入、贫困、消费、主观福利和劳动供给. 经济学(季刊), (1): 203-230.

张杰. 1997. 中国的货币化进程、金融控制及改革困境. 经济研究, (8): 20-25, 78.

张凯, 李磊宁. 2006. 农民消费需求与农村金融发展关系研究——基于协整分析与误差修正模型. 中国农村观察, (3): 16-22, 80.

张立群. 2012. 把消费结构升级引入可持续增长轨道. 理论学习, (2): 26-27.

张秋惠, 刘金星. 2010. 中国农村居民收入结构对其消费支出行为的影响——基于1997~2007年的面板数据分析. 中国农村经济, (4): 48-54.

张书云, 周凌瑶. 2010. 我国城镇化发展与农村居民消费关系的实证研究. 农业技术经济, (11): 30-37.

张勋, 刘晓光, 樊纲. 2014. 农业劳动力转移与家户储蓄率上升. 经济研究, (4): 130-142.

张占斌. 2013. 新型城镇化的战略意义和改革难题. 国家行政学院学报, (1): 48-54.

赵立. 2014. 新生代农民工的市民化心理适应——对浙江省904个样本的调查与分析. 管理世界, (11): 180-181.

赵志坚, 胡小娟. 2007. 我国城乡居民消费结构比较分析. 消费经济, (5): 24-27.

赵志君. 1998. 我国居民储蓄率的变动和因素分析. 数量经济技术经济研究, (8): 23-26.

曾令华. 2001. 我国现阶段扩大内需的根本途径——城镇化. 经济学动态, (3): 26-29.

钟经文. 2014-07-28. 论中国经济发展新常态. 经济日报, (1).

周发明. 2008. 基于农村居民消费行为的家电企业营销策略探讨. 中国流通经济, 22(12): 45-48.

周黎安，陈烨. 2015. 中国农村消费结构优化调整的政策效果研究. 经济研究，（8）：44-53.
朱国林，范建勇，严燕. 2002. 中国的消费不振与收入分配：理论和数据. 经济研究，（5）：72-80，95.
朱信凯，雷海章. 2000. 改革以来我国农村居民消费行为的实证分析. 南方经济，（11）：42-45.
朱信凯，骆晨. 2011. 消费函数的理论逻辑与中国化：一个文献综述. 经济研究，（1）：140-153.
朱子云. 2014. 中国城乡居民收入差距的分解分析. 数量经济技术经济研究，31（2）：52-67.
邹东海，万举. 1999. 农村消费市场开拓与农村金融创新. 农业经济问题，（11）：39-42.
邹红，卢继宏，李奥蕾. 2012. 城市化水平、城乡收入差距与消费需求. 消费经济，（2）：28-31.
邹红，喻开志. 2015. 退休与城镇家庭消费：基于断点回归设计的经验证据. 经济研究，（1）：124-139.
Ahmed S. 1986. Temporary and permanent government spending in an open economy: some evidence for the United Kingdom. Journal of Monetary Economics, 17（2）：197-224.
Alessie R, Lusardi A. 1997. Saving and income smoothing: evidence from panel data. European Economic Review, 41（7）：1251-1279.
Angelini V. 2009. Consumption and habit formation when time horizon is finite. Economics Letters, 103（2）：113-116.
Arellano M, Bond S. 1991. Some tests of specification for panel data: Monte Carlo evidence and an application to employment equations. Review of Economic Studies, 58（2）：277-297.
Arellano M, Bover O. 1995. Another look at the instrumental variable estimation of error-components models. Journal of Econometrics, 68（1）：29-51.
Arrow K J. 1965. Uncertainty and the welfare economics of medical care: reply (the implications of transaction costs and adjustment lags). The American Economic Review, 55（1/2）：154-158.
Aschauer D A. 1985. Fiscal policy and aggregate demand. The American Economic Review, 75（1）：117-127.
Auffhammer M, Wolfram C D. 2014. Powering up China: income distributions and residential electricity consumption. The American Economic Review, 104（5）：575-580.
Aziz J, Cui L. 2007. Explaining China's low consumption: the neglected role of household income. IMF Working Papers.
Bacchetta P, Gerlach S. 1997. Consumption and credit constraints: international evidence. Journal of Monetary Economics, 40（2）：207-238.
Bailey M J. 1971. National Income and the Price Level. New York: Mcgraw-Hill.
Barnett S A, Brooks R. 2010. China: does government health and education spending boost consumption?. IMF Working Papers.
Barro R J. 1981. Output effects of government purchases. Journal of Political Economy, 89（6）：1086-1121.
Binmore K, McCarthy J, Ponti G, et al. 2002. A backward induction experiment. Journal of Economic Theory, 104（1）：48-88.
Black D, Henderson V. 1999. A theory of urban growth. Journal of political economy, 107（2）：252-284.

Blanchard O, Perotti R. 1999. An empirical characterization of the dynamic effects of changes in government spending and taxes on output. NBER Working Paper, No. 7269.

Blundell R, Bond S. 1998. Initial conditions and moment restrictions in dynamic panel data models. Journal of Econometrics, 87 (1): 115-143.

Blundell R, Mátyás L. 1992. Panel data analysis: an introductory overview. Structural Change and Economic Dynamics, 3 (2): 291-299.

Caballero R J. 1990. Consumption puzzles and precautionary savings. Journal of Monetary Economics, 25 (1): 113-136.

Cagetti M. 2003. Wealth accumulation over the life cycle and precautionary savings. Journal of Business & Economic Statistics, 21 (3): 339-353.

Campbell J Y, Mankiw N G. 1990. Permanent income, current income, and consumption. Journal of Business & Economic Statistics, 8 (3): 265-279.

Campbell J Y, Deaton A. 1989. Why is consumption so smooth?. The Review of Economic Studies, 56 (3): 357-373.

Carriker G L, Langemeier M R, Schroeder T C, et al. 1993. Propensity to consume farm family disposable income from separate sources. American Journal of Agricultural Economics, 75 (3): 739-744.

Carroll C D. 1994. How does future income affect current consumption?. Quarterly Journal of Economics, 109 (1): 111-147.

Carroll C D. 1997. Buffer-stock saving and the life cycle/permanent income hypothesis. The Quarterly Journal of Economics, 112: 1-55.

Carroll C D. 2001. Liquidity constraints and precautionary saving. NBER Working Paper, No.8496.

Carroll C D. 2006. The method of endogenous gridpoints for solving dynamic stochastic optimization problems. Economics Letters, 91 (3): 312-320.

Carroll C D, Kimball M S. 2008. Precautionary saving and precautionary wealth//Vernengo M, Caldentey E P, Rosser Jr B J. The New Palgrave Dictionary of Economics. London: Palgrave Macmillan: 1-9.

Carroll C D, Hall R E, Zeldes S P. 1992. The buffer-stock theory of saving: some macroeconomic evidence. Brookings Papers on Economic Activity, (2): 61-156.

Chapman D A. 1998. Habit formation and aggregate consumption. Econometrica, 66(5): 1223-1230.

Cherchye L, de Rock B, Vermeulen F. 2007. The collective model of household consumption: a nonparametric characterization. Econometrica, 75 (2): 553-574.

Chenery H B, Syrquin M, Elkington H. 1975. Patterns of development, 1950-1970. London: Oxford University Press.

Chiappori P-A. 1988. Rational household labor supply. Econometrica, 56 (1): 63-90.

Chiappori P-A. 1992. Collective labor supply and welfare. Journal of Political Economy, 100 (3): 437-467.

Constantinides G M. 1990. Habit formation: a resolution of the equity premium puzzle. Journal of Political Economy, 98 (3): 519-543.

Daniels P W, O'Connor K B, Hutton T A. 1991. The planning response to urban service sector growth: an international comparison. Growth and Change, 22 (4): 3-26.

Davidson J E H, Hendry D F, Srba F, et al. 1978. Econometric modelling of the aggregate time-series relationship between consumers' expenditure and income in the united kingdom. The Economic Journal, 88 (352): 661-692.

Deaton A. 1991. Saving and liquidity constraints. Econometrica, 59 (5): 1221-1248.

Deaton A. 1992. Saving and income smoothing in Cote d'Ivoire. Journal of African Economies, 1 (1): 1-24.

Deaton A. 1997. The Analysis of Household Surveys: A Microeconometric Approach to Development Policy. Baltimore: The Johns Hopkins University Press.

Dornbusch R, Fischer S. 1993. Moderate inflation. World Bank Economic Review, (1): 1-44.

Duchin R, Gilbert T, Harford J, et al. 2017. Precautionary savings with risky assets: when cash is not cash. The Journal of Finance, 72 (2): 793-852.

Duesenberry J S. 1949. Income, saving and the theory of consumer behavior. Review of Economics and Statistics, 33 (3): 111.

Dynan K E. 2000. Habit formation in consumer preferences: evidence from panel data. American Economic Review, 90 (3): 391-406.

Efron B. 1979. Computers and the theory of statistics: thinking the unthinkable. SIAM Review, 21 (4): 460-480.

Fiorito R, Kollintzas T. 2004. Public goods, merit goods, and the relation between private and government consumption. European Economic Review, 48 (6): 1367-1398.

Flavin M A. 1981. The adjustment of consumption to changing expectations about future income. Journal of Political Economy, 89 (5): 974-1009.

Forni L, Monteforte L, Sessa L. 2009. The general equilibrium effects of fiscal policy: estimates for the Euro area. Journal of Public Economics, 93 (3/4): 559-585.

Friedman M A. 1957. A Theory of the Consumption Function. Princeton: Princeton University Press.

Ganelli G, Tervala J. 2010. Public infrastructures, public consumption, and welfare in a new-open-economy-macro model. Journal of Macroeconomics, 32 (3): 827-837.

García A, Ramajo J. 2004. Budget deficit and interest rates: empirical evidence for Spain. Applied Economics Letters, 11 (11): 715-718.

Gkartzios M, Scott M. 2012. Gentrifying the rural? planning and market processes in rural Ireland. International Planning Studies, 17 (3): 253-276.

Glaeser E L, Kolko J, Saiz A. 2001. Consumer city. Journal of Economic Geography, 1 (1): 27-50.

Goldsmith R W. 1969. Financial Structure and Development. New Haven: Yale University Press.

Guariglia A, Rossi M. 2002. Consumption, habit formation, and precautionary saving: evidence from the British Household Panel Survey. Oxford Economic Papers, 54 (1): 1-19.

Guerrieri V, Lorenzoni G. 2011. Credit crises, precautionary savings, and the liquidity trap. NBER Working Paper.

Hall R E. 1978. Stochastic implications of the life cycle-permanent income hypothesis: theory and evidence. Journal of Political Economy, 86 (6): 971-987.

Hall R E, Mishkin F S. 1982. The sensitivity of consumption to transitory income: estimates from panel data on households. Econometrica, 50 (2): 461-481.

He C H, Zhang X M, Li B J. 2012. Empirical analysis of change of consumption structure between Henan urban and rural residents. Advanced Materials Research, 433-440: 5092-5096.

Heien D, Durham C. 1991. A test of the habit formation hypothesis using household data. The Review of Economics and Statistics, 73 (2): 189-199.

Henderson J V. 2005. Urbanization and growth. Handbook of Economic Growth, 1: 1543-1591.

Herrala R. 2010. Credit constraints and durable consumption. Bank of Finland Research Discussion Paper No. 15/2010.

Hirschman A O. 1958. The strategy of economic development. Ekonomisk Tidskrift, 50 (199): 1331-1424.

Ho T W. 2001. The government spending and private consumption: a panel cointegration analysis. International Review of Economics & Finance, 10 (2): 95-108.

Hubbard R G, Skinner J, Zeldes S P. 1995. Precautionary saving and social insurance. Journal of Political Economy, 103: 360-399.

Ioannides Y M, Rosenthal S S. 1994. Estimating the consumption and investment demands for housing and their effect on housing tenure status. The Review of Economics and Statistics, 76: 127-141.

Jappelli T, Pagano M. 1989. Consumption and capital market imperfections: an international comparison. American Economic Review, 79 (5): 1088-1105.

Jappelli T, Pagano M. 1994. Saving, growth, and liquidity constraints. The Quarterly Journal of Economics, 109 (1): 83-109.

Jorgenson D W. 1961. The development of a dual economy. The Economic Journal, 71 (282): 309-334.

Karras G. 1994. Government spending and private consumption: some international evidence. Journal of Money, Credit & Banking, 26 (1): 9-22.

Keho Y. 2016. Impact of budget deficit on private consumption in WAEMU countries: evidence from pooled mean group estimation. International Journal of Economics & Finance, 8 (3): 189.

Keynes J M. 1936. General theory of employment, interest and money. American Economics Review, 26 (3): 490-493.

Koenker R, Bassett Jr G. 1982. Robust test for heteroscedasticity based on regression quintiles. Econometrica: Journal of the Econometric Society, 50 (1): 43-61.

Kormendi R C. 1983. Government debt, government spending, and private sector behavior. American Economics Review, 73 (5): 994-1010.

Krueger D. 2006. Consumption and saving: theory and evidence. Nber Reporter (Spring 2006).

Kueng L, Yakovlev E. 2014. How persistent are consumption habits? Micro-evidence from Russia. NBER Working Paper.

Kuznets S. 1966. Modern Economic Growth: Rate, Structure and Spread. New Haven: Yale University Press.

Lally P, Gardner B. 2013. Promoting habit formation. Health Psychology Review, 7 (sup1): S137-S158.

Lally P, van Jaarsveld C H M, Potts H W W, et al. 2010. How are habits formed: modelling habit formation in the real world. European Journal of Social Psychology, 40 (6): 998-1009.

Leland H E. 1968. Saving and uncertainty: the precautionary demand for saving. The Quarterly Journal of Economics, 82 (3): 465-473.

Levchenko A A. 2005. Financial liberalization and consumption volatility in developing countries. IMF Staff Papers, 52 (2): 237-259.

Lewis W A. 1954. Economic development with unlimited supplies of labour. The Manchester School, 22 (2): 139-191.

Li T T, Shi C L, Zhang A L. 2011. Research on consumption structure of rural residents in gansu province based on eles model. Asian Agricultural Research, 3 (9): 34-37.

Lin J Y. 1992. Rural reforms and agricultural growth in China. American Economic Review, 82 (1): 34-51.

Linnemann L. 2006. The effect of government spending on private consumption: a puzzle?. Journal of Money, Credit and Banking, 38 (7): 1715-1735.

Linnemann L, Schabert A. 2003. Fiscal policy in the new neoclassical synthesis. Journal of Money Credit & Banking, 35 (6): 911-929.

Liu Y B. 2007. An analysis of dynamic econometric relationship between development of urbanization and growth of energy consumption in China. Journal of Finance and Economics, 11: 72-81.

Lluch C. 1973. The extended linear expenditure system. European Economic Review, 4 (1): 21-32.

Ludvigson S. 1999. Consumption and credit: a model of time-varying liquidity constraints. Review of Economics & Statistics, 81 (34): 434-447.

Mátyás L, Sevestre P. 1992. The Econometrics of Panel Data:Handbook of Theroy and Applications. Dordrecht: Kluwer Academic Publishers.

McKinnon R I. 1973. Money and Capital in Economic Development. Washington: Brookings Institution Press.

Modigliani F. 1949. Fluctuations in the Saving-Income Ratio: A Problem in Economic Forecasting. New York: National Bureau of Economic Research, Inc.

Modigliani F, Brumberg R E. 1954. Utility analysis and the consumption function: an interpretation of cross-section data//Kurihara K K. Post-Keynesian Economics. Brunswick: Rutgers University Press: 388-436.

Mody A, Ohnsorge F, Sandri D. 2012. Precautionary savings in the great recession. Imf Economic Review, 60 (1): 114-138.

Molana H. 1997. Consumption and fiscal policy. Empirical Economics, 22 (1): 63-81.

Morgan J N. 1962. Income and Welfare in the United States. New York: McGraw-Hill.

Myrdal G, Sitohang P. 1957. Economic theory and under-developed regions. Economic Journal,

69（273）：105-123.

Naik N Y, Moore M J. 1996. Habit formation and intertemporal substitution in individual food consumption. Review of Economics & Statistics, 78（2）：321-328.

Ni S. 1995. An empirical analysis on the substitutability between private consumption and government purchases. Journal of Monetary Economics, 36（3）：593-605.

Northam R M. 1975. Urban Geography. New York：Wiley.

Perroux F. 1955. A note on the notion of growth pole. Applied Economy, 1（2）：307-320.

Pijoan-Mas J. 2006. Precautionary savings or working longer hours?. Review of Economic Dynamics, 9（2）：326-352.

Rabanal P, Lopez-Salido J D. 2006. Government spending and consumption-hours preferences. la Caixa, Working Paper, No. 02.

Rabin M. 1998. Psychology and economics. Journal of Economic Literature, 36：11-46.

Romer C D, Romer D. 1999. Monetary policy and the well-being of the poor. Economic Review, 84（QI）：21-49.

Romer D, Chow C. 1996. Advanced Macroeconomic Theory. New York：Mcgraw-Hill.

Schclarek A. 2007. Fiscal policy and private consumption in industrial and developing countries. Journal of Macroeconomics, 29（4）：912-939.

Seck O, Naiya I I, Muhammad A D. 2017. Effect of financial inclusion on household consumption in Nigeria. IRTI Working Papers Series No. 2017-3.

Seckin Z A. 1999. Essays on consumption with habit formation. Doctoral Dissertation of Carleton University.

Shahbaz M, Sbia R, Hamdi H, et al. 2014. Economic growth, electricity consumption, urbanization and environmental degradation relationship in United Arab Emirates. Ecological Indicators, 45：622-631.

Shaw E S. 1973. Financial Deepening in Economic Development. Oxford：Oxford University Press.

Shefrin H M, Thaler R H. 1988. The behavioral life-cycle hypothesis. Economic Inquiry, 26（4）：609-643.

Stone R. 1954. Linear expenditure systems and demand analysis：an application to the pattern of british demand. Economic Journal, 64（255）：511-527.

Thaler R. 1985. Mental accounting and consumer choice. Marketing Science, 4（3）：199-214.

Waldfogel J. 2008. The median voter and the median consumer：local private goods and population composition. Journal of Urban Economics, 63（2）：567-582.

Whitaker J B, Effland A. 2009. Income stabilization through government payments：how is farm household consumption affected?. Agricultural & Resource Economics Review, 38（1）：36-48.

Wilson B K. 1998. The aggregate existence of precautionary saving：time-series evidence from expenditures on nondurable and durable goods. Journal of Macroeconomics, 20（2）：309-323.

World Bank. 2003. World Development Report 2004：Making Services Work for Poor People. London：Oxford University Press.

Yang D T. 1999. Urban-biased policies and rising income inequality in China. American Economic

Review, 89 (2): 306-310.

Zeldes S P. 1989. Optimal consumption with stochastic income: deviations from certainty equivalence. Quarterly Journal of Economics, 104 (2): 275-298.

Zeldes S P. 1992. "Housing markets, consumption and financial liberalisation in the major economies": by D. Miles. European Economic Review, 36 (5):1131-1135.